北京高校中国特色社会主义理论研究协同创新中心（中央
河北科技大学思想政治理论课混合式教学改革丛书
丛书主编：甘玲

成长课堂

—— 中国近现代史纲要案例导学

主　编　刘建民
副主编　葛晓萍

燕山大学出版社
2020・秦皇岛

图书在版编目（CIP）数据

中国近现代史纲要案例导学 / 刘建民主编. —2版. —秦皇岛：燕山大学出版社，2023.6

（成长课堂）

ISBN 978-7-5761-0484-4

Ⅰ. ①中… Ⅱ. ①刘… Ⅲ. ①中国历史－近现代－教学研究－高等学校 Ⅳ. ①K25

中国版本图书馆CIP数据核字（2022）第256914号

成长课堂

——中国近现代史纲要案例导学

刘建民　主编

出 版 人：陈　玉

责任编辑：张岳洪　　**封面设计**：朱玉慧

出版发行：燕山大学出版社 YANSHAN UNIVERSITY PRESS　　**电　话**：0335-8387555

地　址：河北省秦皇岛市河北大街西段438号　　**邮政编码**：066004

印　刷：涿州市般润文化传播有限公司　　**经　销**：全国新华书店

开　本：700mm×1000mm　1/16　　**印　张**：15.5

版　次：2023年6月第2版　　**印　次**：2023年6月第1次印刷

书　号：ISBN 978-7-5761-0484-4　　**字　数**：190千字

定　价：46.50元

丛书编委会

总　序

近年来，以习近平同志为核心的党中央把高校思想政治工作摆在突出位置，并作出一系列重大决策部署。2016 年 12 月 8 日，习近平总书记在全国思想政治工作会议上提出："要用好课堂教学这个主渠道，思想政治理论课要坚持在改进中加强，提升思想政治教育亲和力和针对性，满足学生成长发展需求和期待。" 2018 年 4 月 12 日，教育部印发《新时代高校思想政治理论课教学工作基本要求》（教社科〔2018〕2 号文件），对新时代高校思想政治理论课教学工作提出了整体要求。2018 年 9 月 10 日，习近平总书记在全国教育大会上，就培养社会主义建设者和接班人问题强调，要在坚定理想信念上下功夫，教育引导学生树立共产主义远大理想和中国特色社会主义共同理想，增强学生的中国特色社会主义道路自信、理论自信、制度自信、文化自信，立志肩负起民族复兴的时代重任。2019 年 3 月 18 日，习近平总书记在学校思政课教师座谈会上的重要讲话中指出，青少年阶段是人生的"拔节孕穗期"，最需要精心引导和栽培。为进一步贯彻落实党中央关于高校思想政治理论课的相关部署和要求，进一步发挥高校思想政治理论课在大学生思想政治教育中的主渠道作用，增强思想政治理论课的亲和力和针对性，深入推动高校思想政治理论课从教材体系向教学体系转化，我们以 2018 版高校思想政治理论课教材为依据，对高校思想政治理论课混合式教学改革进行了新的探索与尝试，本丛书便是这一探索和尝试的阶段性成果之一。

本丛书以立德树人为理念，以教材的主要内容和逻辑结构为依据，特别突出以下四个特点：一是典型性，本丛书编著的大多数案例都是具有一定影响的经典案例，十分具有代表性；二是时代性，本丛书编著的案例大多是最近几年才发生的，或是刚刚发生的，具有强烈的时代感；三是适用性，本丛书的案例以教材的主要内容和逻辑结构为依据，便于师生使用，具有教学成长导航同步性和适用性；四是实用性，本丛书收集、编写的案例均源于生活实践，资料真实，内容丰富，具有较强的实用性。

本丛书所选取的典型教学案例，既可以与慕课教学配套，作为翻转课堂使用，也可以在没有慕课教学的情况下，直接应用于实体课堂的教学；既可以作为教师备课的辅助资料，也可以作为学生课外学习拓展阅读资料。本丛书为北京高校中国特色社会主义理论研究协同创新中心（中央财经大学）课题立项“十九大精神融进高校思政课建设研究”的阶段性成果，同时，也得到2019—2020年度河北省高等教育教学改革研究与实践项目“‘双一流’战略下高校思政课线上线下混合式教学模式的探索与实践（2019GJJG187）”的资助。在编写过程中学习、借鉴了各高校思想政治理论课相关案例教学用书和资料，在此一并深表感谢。因能力、水平有限，不足不妥之处，恳请各位专家学者指正。

丛书主编

2019年8月

序

中国共产党历来高度重视高校的思想政治教育工作，探索形成了一系列基本方针原则和工作遵循。党的十八大以来，以习近平同志为核心的党中央把高校思想政治工作摆在突出位置，作出一系列重大决策部署，各高校采取有力有效措施，积极主动开展工作，创造了许多成功做法，积累了许多宝贵经验。

2017 年 2 月，中共中央、国务院印发了《关于加强和改进新形势下高校思想政治工作的意见》。2018 年 1 月 16 日，为深入学习贯彻落实党的十九大精神，深入推动习近平新时代中国特色社会主义思想进教材、进课堂、进头脑，不断提高思政课建设的质量和水平，教育部党组在上海召开“加强新时代高校思想政治理论课建设”现场推进会。

按照党中央统一部署，中宣部、教育部组织对已出版的“马工程”重点教材进行全面系统修订。目前，《马克思主义基本原理概论》《毛泽东思想和中国特色社会主义理论体系概论》《中国近现代史纲要》《思想道德修养与法律基础》四门高校思想政治理论课教材已完成修订并投入使用。2018 年 5 月 14 日下午，教育部在北京召开全国高校思想政治理论课 2018 年版教材使用培训班开班式，开启全国高校思想政治理论课新教材使用在线培训工作。教育部党组书记、部长陈宝生出席开班式并讲话。

他强调，推动习近平新时代中国特色社会主义思想进教材、进课堂、进头脑是当前教育系统的一件头等大事。要用好、讲好新修订的高校思政理论课教材，用中国特色社会主义最新理论成果武装大学生头脑，培养社会主义建设者和接班人。

为贯彻落实中宣部、教育部的文件精神，加强改进思政课教学，帮助高校任课教师进一步提高驾驭《中国近现代史纲要》新教材的能力，提高教师的教学水平和上课质量，增加“中国近现代史纲要”课课堂的“抬头率”，编写了《成长课堂——中国近现代史纲要案例导学》，进一步做好“中国近现代史纲要”课的“三进”工作，确保用好新教材。

本书以 2018 版高等教育出版社出版的《中国近现代史纲要》新教材为基本依据，按照教材的章划分，仍为十一个专题，每个专题包含三到七个经典案例。每个案例都包含案例文本、问题思考、案例分析和教学建议四个部分，对“中国近现代史纲要”教学中的一些重点难点问题，进行了深入的探索与研究，力求帮助高校“中国近现代史纲要”课教师在课堂教学中能够借鉴和运用，进一步推进思想政治理论课的教学改革工作。

编写组

目　　录

第一章　反对外国侵略的斗争

一、教材分析

（一）教学目的

本章的教学目的是使学生把握近代中国历史发展的基本脉络，认识资本-帝国主义侵略给中国人民所带来的深重苦难，深刻领会近代中国所面临的争取民族独立和人民解放、实现国家繁荣富强和人民共同富裕这两大历史任务的历史根源和现实要求；认识社会制度腐败必然导致战争失败的深刻历史教训，认识正是严重的民族危机激发了中华民族的觉醒，促使中国人民去努力探索救亡图存、振兴中华的道路。

（二）教学重点难点

【教学重点】

1. 中国在近代如何走向了衰落。

2. 近代中国人民反侵略战争的历程，失败原因和经验教训。

3. 资本-帝国主义侵略中国的历史及其对中国社会的影响。

【教学难点】

1. 为什么说西方侵略不可能给中国带来近代文明？

2. 近代中国人民民族觉醒的伟大历史意义。

（三）基本知识结构

第一章《反对外国侵略的斗争》知识点层级关系		
一级知识点	二级知识点	三级知识点
反对外国侵略的斗争	资本-帝国主义对中国的侵略	军事侵略
		政治控制
		经济掠夺
		文化渗透
	抵御外国武装侵略，争取民族独立的斗争	反抗外来侵略的斗争历程
		粉碎瓜分中国的图谋
	反侵略战争的失败与民族意识的觉醒	反侵略战争的失败及其原因
		民族意识的觉醒

二、典型案例

【案例 1】鸦片战争时期清朝的“奇葩”御敌术

（一）案例文本

1. 清朝名将的马桶阵

湖南提督杨芳是清朝名将。他在镇压川楚白莲教和河南天理教起义中，屡立战功，官职从一个小小的把总一直提升到湖南提督，统领一省的绿营兵，相当于我们今天的省军区司令员。1841 年春，杨芳被道光皇帝委任为参赞大臣，与靖逆将军奕山一道前往广州进剿英军。这位在当时被寄予厚望的名将到了广州后，其所作所为堪称“奇葩”。当时，他看到英军船坚炮利，很难对付，便认定英军肯定有邪术，于是，他决定“以邪破邪”。他命人大量搜集妇女使用的马桶，载于船上，并将马桶口一律朝向英军。然后，派一员副将率马桶船向英军发起进攻，结果大败而归。

2. 宋国经的面具兵

英国侵略军打到浙江后，杭嘉湖道道台宋国经谋划以奇兵制胜。他模仿宋朝名将狄青披头散发，戴铜面具作战的战例，派人购买了几百个纸面具，让三百多个乡勇戴上，装神弄鬼，在衙门内日夜操练。操练好之后，居然在光天化日之下，命令这支“鬼兵”在英军阵前手舞足蹈，其结果当然是不堪一击。

3. 奕经“美梦”讨敌

1841 年 10 月，英军先后攻陷定海、镇海和宁波。浙东连失三城，道光被迫应战。他任命奕经为扬威将军，率三万人马赴浙东收复失地。奕经带领一班纨绔子弟从北京出发，一路游山玩水，勒索供应，1842 年 1 月下旬才抵达嘉兴。有一天，奕经在睡梦中梦见敌人纷纷上船逃跑，认为这是“吉兆”，便当即决定从绍兴三路出兵，收复定海、镇海和宁波。奕经到达绍兴后，整日饮酒作乐，拖延一个月才下达作战命令。此时，作战计划早已泄露，英军做了充分准备，三路清军很快被英军打得狼狈而逃，奕经不但没有收复浙东三城，反而连慈溪也丢掉了。事后，奕经为掩盖罪责居然夸大英军实力，并污蔑浙东百姓“到处汉奸充斥，商民十有七八”。靖逆将军奕山和扬威将军奕经兄弟俩是道光皇帝的侄子，他们的所作所为为人不齿。当时杭州流行一句民谣：“逆不靖，威不扬，二将军难兄难弟。”

资料出处：

1. 李齐主编：《公案•旧案•疑案》，同心出版社，2001 年版。
2. 张岂之主编：《中国历史》（元明清卷），高等教育出版社，2001 年版。

（二）问题思考

1. 鸦片战争失败的原因是什么？

2. 清朝为什么越来越落后？

（三）案例分析

从以上三事，我们不难明白清朝在鸦片战争中失败的主要原因，即统治集团的颟顸无知和腐败无能。其腐败无能是由腐朽的政治制度造成的，而颟顸无知则是由长期的“闭关锁国”造成的。由于长期“闭关锁国”，清朝统治者昧于世界大势，昏聩无能。再加上承平日久，吏治败坏，军队缺乏训练且武器落后，所谓的大清王朝早已外强中干，一遇强敌便被打回原形。

在中国历代封建王朝中，清朝是实行“闭关政策”最严厉的朝代。所谓“闭关政策”，就是一种严格限制对外贸易的政策。从清初到鸦片战争前，清朝对外贸易政策的总体走向是对中外贸易的控制越来越严厉。明清之际，中国商人的远洋航海能力并不亚于当时的西方殖民国家，东南沿海地区的商人很早就有出海与南洋、西洋进行贸易的历史。但康熙末年延续十年之久的禁南洋贸易政策极大地摧残了中国商人远洋航海能力，阻止了中外经济、文化的交流，丧失了自我发展的大好机会。清朝统一台湾后，海禁虽然被迫取消，但对中国商人出海贸易的限制仍然比明朝更加严厉。清廷颁布各种限制贸易的条例，规定：出海人必须由地方官给予凭照，守口官弁查验放行；若无照偷渡者，严行禁止；出海贸易之人必须在三年内回国，否则不许入籍；严禁米粮、铁及铁器出口；出海商船初造时先报明海关监督及地方官，该官确认果系殷实良民，取具澳甲、里族各长、并邻右保结方准成造；出洋商船载重量必须在五百石以下，只许用双桅，其梁头高度不得过一丈八尺，舵手人等不得过二十八名；商船造完之日地方官亲验，将船身烙号、刊名，然后给照；出海商渔船大桅各照省份油漆，船头两披，刊刻某省某州县、某字某号字样，沿海汛口及巡哨官弁验照放行；每船只准带铁锅一口，每人只准带铁斧一把。这种苛刻的限制，使出海贸易难上加难。上海大商人张元隆拥有雄厚资财，立志以百家姓为号造海船百艘，与外人争雄，却被江苏巡抚张伯行诬以勾结海贼之罪，网罗株连，夹毙船户十二人，张元隆失踪。对发展海外贸易做出重大贡献的滞留南洋的闽广商民竟被清朝视为异类，严禁回国。

为进一步防范外国人与中国人接触，从乾隆中期开始，清朝又颁布了《防范外夷规条》《交易章程》等规定，其基本内容是：只准广州一地进行对外贸易，且只准政府特许的十三家商行经营；外国人不许在广东过冬，不许乘轿，外国妇女不得进入广州城；外国商人在广州必须居住在政府指定的行商的商馆中，平时不准随意出入，每月可外出三次，在规定时间内，到附近的花地、寺庙游览散步；中国人不得向外商借钱或受雇于外商；中国人不得代外商打听商业行情；中国人不得教外国人学汉语；外国人不得雇中国妇女作仆人等。

这种自绝于世的“闭关政策”，一方面造成清朝的落后，另一方面使清朝君臣昧于世界大势，愚昧无知又虚骄自大。从马戛尔尼访华，我们可以看出清朝的虚骄自大发展到何种程度。

乾隆五十七年（1792 年）八月，由英国皇家战舰“狮子号”和“印度斯坦号”等舰船组成的庞大船队从英国出发，远涉重洋前往中国，参加乾隆皇帝八十三岁寿辰典礼。这个英国访华团人数多达七百多人，为首的是乔治•马戛尔尼勋爵。

当时的英国，正处于资本主义经济迅速发展时期，逐渐成为世界工厂。商品生产的发达急需开辟新的市场。马戛尔尼此行的真正目的，是与中国谈判通商问题。为乾隆祝寿只不过是访华的借口。

乾隆五十八年（1793 年）六月十八日，马戛尔尼一行抵达中国。他们为乾隆带来了六百箱贵重礼物。

乾隆对这个初次来华的外国使团十分重视，破例允许他们从天津登陆，沿途隆重接待，供给丰盛。他任命长芦盐政徵瑞、直隶总督梁肯堂为钦差大臣，专门负责接待事宜。当时乾隆正在木兰行围，他准备在避暑山庄接见马戛尔尼一行。但马戛尔尼一行尚未到达避暑山庄，双方就发生了“礼仪之争”。

按照清朝规定，外国使臣来华觐见中国皇帝，必须行三跪九叩之礼。马戛尔尼认为这样做有损大英帝国的尊严，拒行三跪九叩之礼。

乾隆对英国使团的表现十分恼怒，双方多次争执，最终双方达成折中意见。八月十三日万寿节，乾隆在避暑山庄万树园接见了马戛尔尼等人。马戛尔尼以三次单膝下跪，九次低头的方式完成了觐见之礼。

马戛尔尼一行返回北京后，清廷认为他们已经完成了来华使命，便颁赐国书礼品，示意其回国。而此时，马戛尔尼来华的真正目的还未达到。他急忙向乾隆皇帝递交说帖。内容是：准许英商在宁波、舟山、天津进行贸易；准许英商比照俄商在北京设立商栈，以便于买卖货物；在舟山附近划一小岛供英商使用；在广州附近也给英国人上述权利，且允许英国人自由来往；取消澳门与广州之间的转口税，若不能全免，亦请照乾隆四十七年（1782 年）税率，从宽减税；禁止向英商于钦定税则之外另行勒索，并请颁给钦定税则抄本一份，以便遵守奉行。

对这些要求，乾隆帝强硬拒绝。同时，乾隆帝命军机大臣传谕沿海各省督抚及粤海关监督，在英使臣过境时，务须铠仗鲜明，队列整肃，海疆一带如宁波、舟山等处严加防备。九月，马戛尔尼使团离开北京。十一月到达广州。在广州，马戛尔尼向两广总督递交了包括十一项条款的书面要求，除在京提出的六点要求外，又提出英国商人可以随意与任何中国人贸易，不必通过公行；英国人犯罪或有不法行为，其同国人如无帮助参与犯罪者，一律不负连带责任；如英商认为适宜或有必要长期留居广州者，应准其留居等要求。这些要求同样未获允准。随后，马戛尔尼等前往澳门，于翌年回到伦敦。

乾隆帝返回京城后，直奔陈设英国贡品的圆明园。贡品中有先进的大型天文地理仪器，如天体运行仪、天球仪、地理大座钟等，这些仪器代表着当时英国最高的天文学和机械制造水平。还有新式武器、乐器及轻便马车、船只模型等。据英使记载，乾隆帝对其中装有一百一十门大炮的“皇家号”军舰模型最感兴趣，详细询问机械零部件等细节和英国造船工业水平。当英使炫耀这艘军舰时，乾隆帝“安详而雍容”，使在场英国使团成员均感到“皇帝莫测高深”。实际上，乾隆帝是在强作镇定，以掩饰内心的不安。

马戛尔尼回国后，一针见血地指出：“清帝国好比是一艘破烂不堪的头等战舰，它之所以在过去一百五十年中没有沉没，仅仅是由于一班幸运、能干而警觉的军官们的支撑。而它胜过其邻船的地方，只在它的体积和外表，但是，一旦一个没有才干的人在甲板上指挥，那就不会有纪律和安全了。”

号称天朝上国的清王朝早已外强中干，不论乾隆皇帝怎样掩饰，都欺骗不了马戛尔尼的眼睛。鸦片战争一爆发，他的腐朽和颟顸无知便表现得淋漓尽致。案例中的几位名将的表现就是整个清王朝的真实写照。

（四）教学建议

这个案例揭示了清朝的腐败无能，揭示了鸦片战争中国战败的原因。在授课时，教师要重点向学生介绍“闭关锁国”带来的危害，让学生充分认识到我们今天改革开放决策的英明和伟大，要引导学生从历史中吸取教训，深刻认识“落后就要挨打”的道理，鼓励学生为中华民族的伟大复兴而努力学习。

【案例2】王公贵族吸鸦片

（一）案例文本

道光十三年的一天，北京东郊灵官庙内热闹非凡，烟雾缭绕。这座灵官庙本是尼姑庙，庙里的住持是一个法号“广真”的尼姑，绰号“广姑子”。这位“广姑子”虽为僧尼，却不吃斋不念佛，整天与一些不三不四的人勾勾搭搭，一座佛教寺庙硬是被她变成了赌博、狎妓、抽鸦片的场所，许多纨绔子弟、达官贵人经常光顾这里。这一天，正是“广姑子”的生日，那些纨绔子弟、达官贵人纷纷前来为她祝寿。这些祝寿的人进入庙内，有的吸鸦片，有的搂妓女，有的赌博。整座庙内人声嘈杂，乌烟瘴气。

这些人中，有庄亲王、镇国公、辅国公等宗室成员，还有内务府、理藩院和刑部的一些官员。对这些人的到来，广真里里外外殷勤招待，有求必应，忙得不亦乐乎。庄亲王和辅国公躺在床上吞云吐雾，镇国公和内务府郎中文亮、笔帖式通桂欣赏妓女的唱曲、弹弦，刑部员外郎吉清、文庆，理藩院主事奎英等则饮茶听曲。

正当这些人快活之时，御史带兵突然闯入。这些人措手不及，全被拿获。原来，“广姑子”的恶劣行径早为京城风俗御史所注意，奏折已经送到道光帝面前，道光帝命都察院择机查处。

事后，庄亲王和辅国公分别被革去王爵和公爵爵位，各罚养赡钱粮二年。文亮、通桂革职，发配热河，永不叙用。吉清、奎英交部严议。

资料出处：

1. 诸葛文：《细说清代十二朝》，京华出版社，2005年版。

2. 陈旭麓主编：《中国近代史》，高等教育出版社，1987年版。

（二）问题思考

清朝鸦片泛滥的原因是什么？

（三）案例分析

鸦片是由罂粟（又名阿芙蓉）汁液熬制而成。罂粟原产西亚、北非一带，唐朝时由阿拉伯商人带到中国。唐朝人先是把它当作观赏植物，后又当作药材使用，可起到镇咳、止泄、止痛等作用。当时中国人还不知道鸦片可以吸食。到明朝万历年间，荷兰殖民者侵入台湾，并教会了台湾人吸食鸦片以减轻病痛的方法。此后，这种方法经厦门传入中国内地。万历皇帝就有吸鸦片的嗜好。由于鸦片含有吗啡和生物碱两种成分，吸食极易上瘾。如果长期吸食，人就会变得面黄肌瘦，精神萎靡，四肢绵软。

明朝后期和清朝前期，鸦片主要由葡萄牙和西班牙商人向中国贩运，每年不过二百箱，量少价高，普通人难有吸食机会。1773 年，英国东印度公司取得了鸦片制造和专卖权，印度、孟加拉一带大量种植鸦片，专门对中国出口。从此以后，鸦片开始大量流入中国，中国内地“瘾君子”越来越多。据统计，道光年间，中国大约有二百五十人吸食鸦片。各地烟馆林立，吸食者众多。上自王公大臣，下至普通百姓，甚至和尚、尼姑、道士都吸食鸦片。道光皇帝本人也曾吸食鸦片。《养正书屋全集•赐香雪梨恭记》有道光帝自述即位前吸食鸦片的记载：

“新韶多暇，独坐小斋，复值新雪初晴，园林风日佳丽，日惟研朱读史，外无所事，倦则命仆炊烟管吸之再三，顿觉心神清朗，耳目怡然。昔人谓之酒有全德，我今称烟曰如意。”

清王朝从 1729 年开始，就多次下令禁烟，但收效甚微。究其原因，就是清朝的腐败。上自朝廷，下至地方胥吏兵弁，结成一个庞大的鸦片走私受贿网，包庇鸦片走私。东南沿海负责缉私的地方官吏、兵弁靠纵容鸦片走私收受贿赂。再用收受的贿赂向朝中的王公大臣及各部官员送礼，以此共同分赃。他们所吸鸦片即为分赃而来。马克思一针见血地指出：“天朝的立法者对违禁的臣民所施行的严厉惩罚以及中国海关所颁布的严格禁令，都不能发生效力。中国人在道义上抵制的直接后果是英国人腐蚀中国当局、海关职员和一般的官员。浸透了天朝的整个官僚体系和破坏了宗法制度支柱的营私舞弊行为，同鸦片烟箱一起从停泊在黄埔的英国趸船上偷偷运进了天朝。”（《马克思恩格斯选集》第二卷第26页）

（四）教学建议

本案例通过灵官庙事件，引导学生分析清朝鸦片泛滥的深层原因，使学生充分认识清王朝的腐败，为揭示鸦片战争失败的原因打下基础。

【案例3】天下第一团首领张德成

（一）案例文本

“义和团，起山东，不到三月遍地红，孩童个个提起刀，保国逞英雄。”1898年10月，山东、河北一带首先爆发了反对帝国主义侵略的义和团运动。这场声势浩大的反帝爱国运动迅速波及全国。面对这场反帝洪流，俄、英、美、日、德、法、意、奥八个国家于1900年6月，拼凑了一支两千多人的侵略联军，以镇压义和团的名义出兵中国。正当这支八国联军在大沽口登陆，试图占领天津时，遭到了天津义和团的迎头痛击。在保卫天津的战斗中，有一只作战勇猛，令敌闻风丧胆的义和团，这就是张德成率领的“天下第一团”。

张德成（？—1900），直隶新城（今河北高碑店市）赵张村人，出身贫苦船夫家庭，自幼操船为业，经常往来于独流镇、杨柳青、胜芳镇、王家口、天津等地。19世纪末，外国资本垄断了中国内河航运，轮船运输的发展使大批船夫失业。张德成迫于生计，流落天津静海独流镇。山东义和团兴起后，很快影响到天津。1900年4月，张德成以“灭洋”为号召，在独流镇设天下第一坛，组建义和团，成为这一带义和团的首领。

1900年6月17日，八国联军攻陷大沽炮台，进攻天津。消息传来，号称“天下第一团”的张德成立即率700名团民，分乘72只木船赶往天津御敌。来到天津后，张德成在北门里小宜门驻扎下来，并会见了先期到来的义和团首领曹福田。张德成的到来大大增强了天津义和团的实力，很快把天津义和团运动推向高潮。当时，天津已有义和团坛口300多个，人数40000人左右。

大沽口失陷后，慈禧太后命直隶总督裕禄招抚义和团，固结民心，帮助清军守卫天津。裕禄接到谕旨后，将张德成迎进督署，并对张德成赞赏有加。此后，张德成率“天下第一团”与清军联合，投入保卫天津的战斗。

八国联军攻占大沽口后，不断从这里向天津增兵，天津紫竹林租界的侵略军迅速达到18000多人。7月1日，张德成率义和团猛攻紫竹林租界，租界内的侵略军以精良的武器进行反击，但是，义和团越战越勇，以简陋的武器一度攻入租界，烧毁许多洋房。当时，张德成率“天下第一团”驻扎在马口，为解除威胁，租界内的侵略军密谋在7月6日晚偷袭张德成。张德成探知消息，布下埋伏，敌军一到，伏兵四起，杀得敌军四散而逃。张德成率团乘胜追击，歼敌大部，并烧毁租界附近许多洋楼。7月9日，张德成会同清军再次猛攻紫竹林租界，清军用大炮击毁洋楼一座，打死侵略军数十人。侵略军为固守租借，在租界区各个街口埋下地雷，妄图阻止义和团进攻。为扫除进攻障碍，张德成巧用“火牛阵”。他找来几十头牛，命人将牛尾巴点燃，将牛全部赶入雷区。数十头牛疯狂冲入雷区，将地雷全部扫除。义和团战士随火牛冲入租界，挥舞大刀长矛砍杀侵略军，给侵略者以沉重打击。

义和团在天津的战斗，大大鼓舞了天津人民。天津居民有的给义和团送来绿豆汤和大饼，有的为义和团打造武器，有的为义和团通风报信、侦察敌情，有的给义和团团民披红挂彩，以示鼓励和支持。总之，义和团在天津的战斗赢得了天津人民的拥护。

然而，随着帝国主义不断对华增兵，清朝统治者和一些清军将领的腐败、卖国本质也暴露出来。在大敌压境的形势下，他们开始由战转和。为向侵略者乞和，他们回过头来剿杀义和团。刚到天津的新任帮办北洋大臣宋庆，突然下令镇压义和团，使义和团陷于腹背受敌的境地。7 月 9 日，他强令义和团充当前锋，然后让清军从背后向义和团射击，被射杀的团民达几千人。就在极端危险和艰难的情况下，张德成率义和团和部分清军爱国官兵依然坚守天津南门，他们用有利的地形顽强阻击着侵略军的进攻。7 月 14 日，侵略军攻入天津城内，张德成率团与敌人展开了激烈的巷战，在身负重伤的情况下仍然坚持战斗，终因弹尽粮绝，寡不敌众，撤出战场。南门保卫战，打死打伤侵略军 750 人，沉重打击了侵略者的嚣张气焰。

张德成回到独流镇以后，收编义和团团民，重整队伍，准备再次起事，夺回天津。然而，在一次筹措粮饷的归途中，被王家口的封建势力杀死在船上。一位让侵略者闻风丧胆的民族英雄，没有战死在沙场，却死在国内封建势力之手，实在令人扼腕叹息。

资料出处：

1. 郑延平：《中国近代名流传记大观》，世界知识出版社，1994 年版。

2. 艾虹、李延龄：《义和团运动》，吉林文史出版社，2010 年版。

（二）问题思考

1. 义和团运动失败的原因是什么？

2. 义和团运动为什么能粉碎帝国主义瓜分中国的迷梦？

（三）案例分析

义和团运动是在帝国主义企图瓜分中国和外国教会侵略日益猖獗的背景下爆发的。1898 年 10 月，山东冠县义和团首领在赵三多、闫书勤率领下，首举“助清灭洋”旗帜，攻打当地教堂。义和团运动在山东爆发。与此同时，山东禹城、平原、茌平义和团也在朱红灯、心诚和尚（又名本明和尚，原名杨照顺）率领下开展反“洋教”斗争。义和团势力迅速发展。

面对迅速发展的义和团运动，山东巡抚毓贤无力镇压，在帝国主义压力下，清朝被迫撤换毓贤，改派袁世凯为山东巡抚，镇压义和团。袁世凯到山东后，残酷镇压山东义和团。在袁世凯武力镇压下，山东义和团转入低潮。

与山东义和团兴起的同时，直隶南部义和团也迅速兴起。1900 年春，直隶南部义和团运动逐渐达到高潮。接着，义和团运动迅速向直隶中部发展，保定及附近地区被义和团控制。此后，义和团分别向北、向东发展。向北发展的一支，于 1900 年 5 月进入北京；向东发展的一支，于 1900 年 6 月进入天津。这样，京、津、保地区就成了全国义和团运动的中心。

由于清廷顽固派大臣的掣肘以及义和团进入北京和天津，清廷要想镇压义和团已经十分困难。但是，帝国主义列强却强行命令清政府在两个月内剿灭义和团，否则，将直接出兵中国。面对帝国主义的蛮横要求，清政府实在无法满足。1900 年 5 月 28 日，英、美、德、法、俄、日、意、奥八国驻华公使正式决定联合出兵中国。6 月 10 日，八国联军 2000 多人，在英国海军中将西摩尔的率领下，从天津租界出发向北京进犯，在落垡、廊坊一带遭到清军和义和团的沉重打击，直到6月25日才狼狈逃回天津租界。6月17日，八国联军攻占大沽口，进犯天津。6月21日，清政府被迫对外宣战。从此，义和团与清军并肩作战。曹福田率义和团与清军联合攻打侵略军盘踞的老龙头火车站，张德成率义和团与清军联合攻打紫竹林租界。在保卫天津的战斗中，义和团和清军给侵略者以沉重打击。

由于西方列强不断增兵，义和团和清军逐渐处于劣势。1900年7月14日，天津陷落。8月14日，北京陷落。

北京陷落时，慈禧仓皇逃往西安。在逃亡途中，慈禧心知败局已定，担心战后遭到列强惩办。于是，她开始讨好帝国主义国家，下令清军镇压义和团。义和团就这样在毫无防备的情况下，被中外反动势力联合镇压。

义和团运动虽然失败了，但义和团英勇无畏的斗争精神却使帝国主义国家十分害怕。帝国主义国家通过义和团运动看到了中国人民反抗外来侵略的坚强意志，他们意识到要瓜分中国、直接统治中国是不可能的。所以，义和团虽然失败了，但它有力地粉碎了帝国主义国家瓜分中国的迷梦。

这个案例一方面表现了中国人民敢于反抗外来侵略的斗争精神，另一方面也反映了清王朝勾结帝国主义国家镇压中国人民反抗的反动本质。

（四）教学建议

通过这个案例，教师要让学生明白，义和团之所以失败，除了迷信落后和组织不统一的自身原因外，更重要的原因是清王朝对义和团的无耻利用和叛卖。“扶清灭洋”口号的提出，说明义和团看不清中外反动势力勾结的本质，看不透清王朝的本来面目，这是义和团被清王朝利用和出卖的根本原因。

【案例 4】火烧圆明园

（一）案例文本

圆明园位于北京西郊海淀区东部，是清朝鼎盛时期建造的皇家园林，被称为“万园之园”。这座园林始建于康熙四十八年（1709 年），历经康熙、雍正、乾隆、嘉庆、道光、咸丰六朝，营建时间达 150 多年。从康熙到咸丰的六朝皇帝都长年居住于此，并在此举行朝会，处理朝政，是名副其实的御园。

圆明园由圆明园、长春园、绮春园（万春园）组成，三园相连，以圆明园面积最大，所以，通称圆明园（也称圆明三园）。除三园外，在圆明园的东、西、南三面还建有许多属园，如香山的静宜园、玉泉山的静明园、清漪园（今颐和园）等，总面积 350 公顷左右。

康熙四十八年（1709 年），康熙皇帝把原明朝皇亲的一个废弃园子赐给四子胤禛（雍正皇帝），并赐名圆明园。雍正帝即位后，将圆明园加以扩建，在该园南部增建了正大光明殿、勤政殿以及内阁、六部、军机处值班大臣朝署。雍正帝一年中大部分时间在圆明园度过，朝会、听政、议决大事基本都在此进行。雍正帝当政 13 年间，在圆明园扩建了 30 多景。

乾隆帝即位后，仍然住在圆明园。他除了继续对圆明园进行局部改建、增建以外，又向东扩展，新建了长春园。长春园是乾隆帝准备晚年养老的地方，园中景区有 20 多处。

除了新建长春园，乾隆帝又把园区向南扩展，在合并几处王公贵族私园的基础上，建成了绮春园。绮春园始建于康熙末年，经嘉庆皇帝大规模修建和扩建，占地面积达千亩，成为圆明三园之一。嘉庆皇帝在位时，主要居住于此。同治年间，打算重修绮春园时，改名万春园。

经过 150 多年的修建，圆明园成了一座中西合璧的皇家园林建筑。园中不仅有仿自江南的园林胜景，还有西洋建筑群，集当时古今中外建筑艺术之大成。如仿照苏州园林的狮子林，仿杭州西湖的平湖秋月、雷峰夕照，仿古代诗画建造的蓬莱瑶台、武陵春色等，仿西洋建筑的远瀛观、大水法等，整座园林美轮美奂，实属中外建筑的艺术珍品。另外，园中珍藏的历代书画、宋元瓷器以及其他古玩珍宝更是不计其数。

然而，这样一座宏伟壮丽的皇家宫苑，在第二次鸦片战争中，被英法联军烧成残垣断壁。

1856 年，英法联军为扩大侵略权益，挑起了侵略中国的第二次鸦片战争。由于清王朝的腐败无能，清政府被迫与英法两国签订了《天津条约》。但是，英法两国对《天津条约》并不满意。为进一步扩大侵略战争，掠夺更多侵略权益，他们利用《天津条约》换约问题再次挑起战争，攻入北京。怯懦无能的咸丰皇帝仓皇逃往热河。1860 年 10 月 6 日，英法联军占领圆明园，开始对圆明园进行野蛮的掠夺。一位法军翻译官记录了当时抢劫的情形："他们用各种语言呼喊着，争先恐后，相互扭打，跌跌撞撞，摔倒又爬起，赌咒着，辱骂着，叫喊着，各自都带走了自己的战利品。""一些士兵把红宝石、蓝宝石、珍珠和一块一块的水晶石都放进自己的口袋、衬衫、帽子里"，"工兵们带来了他们的大斧，把家具统统砸碎，以方便其取下镶在上面的宝石"。

为掩盖罪行，英国全权大臣额尔金下令烧毁圆明园。10 月 7 日，侵略军在圆明园引燃大火，将园内主要建筑全部烧毁，大火连烧三天三夜。"大火熊熊地烧着，仿佛一张幔子……蜿蜒到了北京，黑云压城，日光掩没，看起来像一个长期的日食。"就这样，清朝精心营建了 150 年的圆明园被英法联军付之一炬。

资料出处：

1. 诸葛文：《细说清代十二朝》，京华出版社，2005 年版。

2. 程增厚：《雨果和圆明园》，中华书局，2010 年版。

（二）问题思考

如何看待英法联军烧毁圆明园？

（三）案例分析

圆明园是享誉世界的皇家园林，是人类文化和建筑艺术的瑰宝。它的被毁，是全人类的损失。火烧圆明园，是英法联军的野蛮侵略行径，是他们对全人类犯下的滔天罪行，充分反映了英法联军的侵略本质。不管英法联军以何种借口烧毁圆明园，都不能掩饰他们的罪行以及贪婪和野蛮。

法国作家雨果在得知圆明园被毁后，于 1861 年 11 月 25 日愤怒地写了《致巴特勒上尉的信》予以谴责：“有一天，两个强盗进入了圆明园。一个强盗洗劫，另一个强盗放火。看来，胜利女神可能是个窃贼。对圆明园进行了大规模的破坏，由两个战胜者分担。我们看到，这整个事件中还与额尔金的名字有关，这注定又会使人想起帕台农神庙。从前对帕台农神庙怎么干，现在对圆明园也怎么干，干得更彻底，更漂亮，以致荡然无存。如果把我们所有大教堂的所有财宝加在一起，也抵不上东方这座了不起的富丽堂皇的博物馆。园中不仅有艺术珍品，还有成堆的金银制品。丰功伟绩，收获巨大。两个胜利者，一个塞满了口袋，这是看得见的，另一个装满了箱箧；他们手挽手，笑嘻嘻地回到了欧洲。这就是两个强盗的故事。

“我们欧洲人，我们是文明人，中国人对我们是野蛮人。这就是文明对野蛮所干的事情！

“在历史面前，这两个强盗，一个将会叫法国，另一个将会叫英国。我先要提出抗议，感谢你们给了我抗议的机会。治人者的罪行不是治于人者的过错；政府有时会是强盗，而人民永远不会。

“法兰西帝国吞下了一半的胜利果实，今天，帝国竟然带着某种物主的天真，把圆明园富丽堂皇的破烂陈列出来。我希望有朝一日，解放了的干干净净的法兰西会把这份赃物归还给被掠夺的中国。

“现在，我证实，发生一次偷窃行为，有两名窃贼。”

（四）教学建议

在讲帝国主义国家对中国的军事侵略时，教师可向学生讲解这个案例。在讲解时，一方面要突出圆明园的景色之美及其文化价值，另一方面要突出英法侵略军的野蛮和贪婪。这样，可激起学生的愤怒之情和爱国之心，使他们牢记“落后就要挨打”的历史教训，勉励学生为中华民族的伟大复兴而努力读书。

【案例 5】天津教案

（一）案例文本

19 世纪 70 年代，在天津城东门外，有一座望海楼，本是清朝初年修建的。第二次鸦片战争后，成了法国驻天津总领事馆。在望海楼附近，又新建了一座法国天主教教堂，这就是望海楼天主教堂。离天主教堂不远，法国天主教传教士还建了一座“仁慈堂”，相当于我们今天的孤儿院。“仁慈堂”打着慈善的幌子，诱骗当地儿童进去当苦力。这些被拐的孩子每天遭受着非人的待遇，生病无人管。当这些儿童即将死去时就被抬出去活埋。当时，中国百姓把拐骗儿童的行为称作“拍花”。

1870年，天津附近发生多起儿童失踪事件，惶恐的家长们自发组织起来，捉拿人贩子。不久，果真抓住了几个人贩子。人们把这几个人贩子扭送官府。经审问发现，儿童失踪事件与法国天主教堂和“仁慈堂”有关。

人们很快到“仁慈堂”附近进行查看，结果，他们发现，这里每天晚上都有人扛着小木匣出来，偷偷摸摸蹿到天津郊区乱坟岗，随便刨个坑掩埋了事。刚刚掩埋，这些尸体很快又被野狗刨出来撕扯吃掉。几日工夫，有四十多具尸体被野狗吃掉。天津市民得知真相，个个恨得咬牙切齿。

就在这年夏天，又有一个叫武兰珍的人贩子在天津附近拐骗儿童，被当地群众逮个正着。在人们的逼问下，这个人贩子供出指使他拐骗儿童的人是一个在法国教堂做事的中国人，名字叫王三，拐骗儿童的报酬和迷药都由教堂提供。消息一经传开，愤怒的市民再也抑制不住心中的怒火。他们找到官府，要求捉拿王三，严惩凶手。五月二十三日，天津地方官到法国教堂查问王三下落，法国传教士害怕罪行暴露，硬是耍赖说教堂里没有叫王三的人。愤怒已极的围观群众要求进入教堂搜查，法国传教士用棍棒和枪支进行威胁，并放出狗来扑咬围观群众。围观群众难压怒火，捡起砖头石块砸向教堂。法国传教士急忙向法国驻天津总领事丰大业求助。丰大业当即派人找到清朝驻天津的通商大臣崇厚，要求他派兵镇压。

但是，崇厚只派了一小队士兵前往教堂，根本控制不了局面，教堂前的群众越来越多。丰大业气急败坏，带着几个人亲自跑到通商大臣衙门，指着崇厚鼻子一阵呵斥和怒骂，并向崇厚开枪射击。崇厚吓得魂飞魄散，急忙躲了起来。丰大业把崇厚的客厅砸了个粉碎。发泄一通之后，丰大业从崇厚衙门里出来，准备回领事馆，被围观群众认了出来。丰大业急忙让随从挥舞着大刀在前面开路，自己拿着枪跟在后面。就在此时，天津县知县刘杰带一队士兵赶来。丰大业又想拿刘杰出气，当即朝刘杰开了两枪。

刘杰迅速一闪，没有打中。刘杰的卫兵立刻还击，当即打死丰大业。丰大业的随从挥刀向刘杰砍来，被围观群众打倒在地。接着，围观群众又把法国传教士团团围住，当场打死十几个。人们仍然难解心中仇恨，一把火将教堂烧毁。这就是“天津教案”。

“天津教案”发生后，西方列强联合向清王朝施加压力，要求惩办凶手，赔偿教堂损失，并向法国政府道歉。腐败无能的清王朝不得不一一答应列强的要求。

1870 年 10 月 28 日，清政府的道歉专使崇厚赴巴黎向法国政府道歉。当这位道歉专使到达马赛时，法国政府刚刚在普法战争中战败，国内局势不稳，法国政府无暇接见。直到 1871 年 11 月 23 日，法国总统梯也尔才接见了崇厚，崇厚递交了同治皇帝的道歉信。

1897 年，望海楼教堂得以重建。1900 年义和团运动期间再次被毁。1903 年用庚子赔款再次重建。

资料出处：

1. 诸葛文：《细说清代十二朝》，京华出版社，2005 年版。
2. 萧一山：《曾国藩传》，江苏人民出版社，2014 年版。

（二）问题思考

义和团运动爆发的原因是什么？

（三）案例分析

鸦片战争以后，西方传教士在本国军舰大炮的保护下，纷纷来到中国进行传教活动。从表面上看，这些传教士到中国来是为了传播基督教福音，但实际上，他们大多干着与传教身份不相符的勾当。他们充当间谍，刺探中国的政治、军事情报，配合本国政府侵略中国；他们在中国进行文化侵略，试图从精神上征服中国。不仅如此，他们在中国各地强占土地，修筑教堂，还不择手段拉中国人入教。许多地痞流氓加入教会，依仗外国教会的保护在乡里胡作非为。中国百姓受欺压，到官府去告状，地方官又害怕外国势力，不敢为中国百姓做主。于是中国百姓自发组织起来与外国教会进行斗争，以致中国各地出现了许多“教案”。

在这种背景下，1870 年，华北发生了轰动全国的“天津教案”。

（四）教学建议

在讲授义和团运动时，可向学生介绍这个案例。在讲解时，要让学生了解外国教会的侵略本质，使学生认识到外国在华教会势力是西方列强对中国进行政治、文化侵略的工具。外国教会势力伸到哪里，哪里就会有民教冲突。义和团运动的发生，正是长期以来外国教会侵略的结果。义和团运动之所以在山东、河北首先兴起，就是因为这一地区当时是外国教会势力最猖獗的地方。

在运用这个案例时，教师要把人民的反抗精神与清王朝的奴颜婢膝作鲜明的对比，揭露清王朝甘当帝国主义国家统治中国的代理人的丑恶嘴脸。

【案例 6】慈禧重修颐和园

（一）案例文本

颐和园本名清漪园，位于北京西北郊，为圆明园属园。清漪园为始建于金代，经元、明、清三朝不断修缮而成的皇家园林。乾隆十五年（1750 年），为庆祝皇太后六十大寿，乾隆皇帝对清漪园进行了大规模修缮。1860

年，清漪园与圆明园一起被英法联军烧毁。

1886年，光绪皇帝即将亲政。为了归政后有一个好的养老去处，慈禧打算为自己修一座园林。当时，圆明园损毁严重，重修太难，静明园、静宜园、畅春园都比较小，不合慈禧心意。思来想去，只有清漪园最让慈禧满意。然而，由于经费紧张，当年同治皇帝打算重修圆明园的意图已经遭到大臣们的反对，此次要重修清漪园，慈禧自然难于启齿。

但是，慈禧的心思被光绪皇帝的父亲奕譞看出来了。奕譞当时为海军衙门大臣，正在负责筹办北洋水师。为让慈禧安心养老，为让自己儿子亲政后真正掌握实权，奕譞决定满足慈禧意愿。1886年9月，奕譞呈上奏折，请求恢复昆明湖水师操练旧制。同时，为了恭迎太后阅师，请求修复沿湖一带的破损建筑。慈禧见到这份奏折，自然高兴万分，立即准奏。于是本应由内务府奉宸苑负责的修园任务，变成了海军衙门的差事。从此以后，奕譞不断挪用海军建设经费为慈禧修缮清漪园。

挪用海军经费修清漪园，本来是在秘密状态下进行的。但是，由于工程巨大，想不走漏风声是不可能的。对于如此庞大的工程，朝野上下的猜测和议论越来越多，甚至有一些正直的大臣犯颜直谏。1888年3月，为了平息舆论，慈禧干脆以光绪的名义发布上谕，称清漪园是光绪帝仿效乾隆帝孝母而建，并取颐养冲和之意，将清漪园改为颐和园。不仅要大修颐和园，还以庆祝老佛爷六十大寿的名义，要求天下臣民都要尽一份孝心。上谕颁布后两个月，海军衙门就一次性奉献“闲款”四十五万多两。其实，当时海军建设经费十分紧张，这笔钱根本不是什么“闲款”，而是从海军将士手中硬抠出来的。

由于工程浩大，挪用的海军经费仍然不够用，于是，奕䜣又巧立名目，设立“海防捐”，在各地筹措经费。“海防捐”的大部分都用来修颐和园。

1893年，慈禧六十大寿庆典即将到来，颐和园工程仍然存在资金缺口。为按时完工，海军衙门又把目光转向铁路工程款。当时，关东铁路正在紧张施工，每年有两百万两铁路工程专款。清王朝竟然停建关东铁路一年，将两百万两筑路款挪用到颐和园工程上。

据清史专家推断，颐和园工程有据可查的费用约为六百万两白银，相当于三四艘定远级铁甲舰的采买价格。不仅如此，为了慈禧嬉戏游玩，北洋兵工厂还无偿建造了小轮船、小船坞、小铁路，安装了电灯，还从国外订制小火车，这些费用加起来，总共有四十多万两白银。

另外，慈禧还挪用海军经费修缮三海（今天的北海和中南海），到1894年颐和园工程完工，总计耗费白银一千四百万两左右，而当时清朝全年的财政收入才七千多万两。

资料出处：

1. 徐彻：《慈禧太后》，人民文学出版社，2012年版。
2. 诸葛文：《细说清代十二朝》，京华出版社，2005年版。

（二）问题思考

甲午战败的原因是什么？

（三）案例分析

这个案例充分展示了慈禧太后贪图个人享乐、祸国殃民的嘴脸。1894年甲午战争爆发，而这一年正值慈禧六十大寿。为过好这个六十庆典，慈禧在两年前就成立了“庆典处”。她一方面大兴土木，重修颐和园作为举办庆典之处，另一方面又仿照过去乾隆皇帝为皇太后祝寿的办法，在颐和园到紫禁城的道路两侧分设六十处龙棚、经坛、戏台、牌楼和亭座景点，合计用银二百四十万两。江南苏杭织造衙门特造彩绸十万匹，粤海关监督采办足金一万两供庆典之用。慈禧六十庆典成了当时清廷压倒一切的头等大事，连发动战争的日本都看到，“今年慈圣庆典，华必忍让”。甲午战争爆发后，有人提出节省庆典费用以供战费所需的建议，慈禧听了以后竟然说：“今日令吾不欢者，吾必令彼终身不欢！”后来清军连连失利，金州、大连等地相继失守，旅顺告急，慈禧不得不停办颐和园寿典事宜，在紫禁城内的宁寿宫过了六十岁生日，但仍很奢华，总计用银五百四十多万两。当时户部用于战争的筹款才二百五十万两，不足庆典一半。有史家叹道，如果当时没有慈禧六十庆典，全国上下全力对日作战，战争结局或许全然不同。

（四）教学建议

在讲述反侵略战争失败原因时，教师可重点介绍这个案例。这个案例有力地揭示了清王朝的腐败和西太后祸国殃民的嘴脸。为了过好六十大寿和有个养老的好地方，慈禧不仅挪用海军建设经费、铁路建设经费重修颐和园，而且还耗费巨资筹办六十庆典。不仅如此，为不耽误这个六十庆典，慈禧极力主张早日结束战争，与日本讲和。慈禧贪图个人享乐，极力主和，这是甲午战争失败的原因之一。

【案例7】辛酉政变

（一）案例文本

辛酉政变又称北京政变、祺祥政变，是发生于1861年的清朝统治阶级内部的一场宫廷政变。这场政变后，慈禧和奕䜣联合掌握了清朝统治大权，使中外反动势力的勾结得以实现。

1860年，英法联军攻入北京，咸丰皇帝携后宫和部分大臣逃往热河（今河北承德）。恭亲王奕䜣作为钦差便宜行事全权大臣留守北京，办理与英法等国谈判事宜。在此期间，奕䜣与外国侵略者勾结在一起，并与留在北京的朝廷大臣联合，结成自己的势力集团。

1861年8月21日，咸丰皇帝病危，下诏立唯一的儿子、年仅六岁的载淳为皇太子，并任命怡亲王载垣，郑亲王端华，户部尚书肃顺，御前大臣景寿，军机大臣穆荫、匡源、杜翰、焦佑瀛为顾命大臣，辅佐小皇帝。次日，咸丰帝驾崩。载淳继位后，定年号为“祺祥”，八大臣总揽朝政。

八大臣总揽朝政引起了载淳生母叶赫那拉氏（慈禧太后）和恭亲王奕䜣的不满，此二人与八大臣素有矛盾。叶赫那拉氏是一个权力欲极强的女人，早就有干预朝政的野心。咸丰皇帝在世时，肃顺等人就有意打压她。肃顺甚至劝咸丰帝杀母立子，以绝后患。恭亲王奕䜣做事果断、练达，很有才干，素来为咸丰帝所猜忌，肃顺等人迎合咸丰帝旨意，对奕䜣多方压制，双方也早已结下仇怨。这样，奕䜣与那拉氏叔嫂联合，暗中谋划除掉八大臣。

1861年9月5日，奕䜣赶赴热河，与那拉氏密谋政变。接着，那拉氏指使御史董元醇奏请两宫太后（载淳继位后，尊生母叶赫那拉氏为“慈禧”太后，咸丰皇后钮祜禄氏为“慈安”太后）“权听朝政”。9月15日，董元醇奏折被八大臣驳回，双方矛盾迅速激化。奕䜣、慈禧已做好了政变准备。

1861年10月26日，慈禧、慈安两太后携小皇帝和载垣、端华等七位顾命大臣抄小路先行回京，留下肃顺等人护送咸丰帝灵柩沿大路向北京进发。11月1日，两宫太后抵达北京，立即召见奕䜣等商议对策。11月2日，奕䜣示意大学士贾桢、周祖培等再次奏请两宫太后“垂帘听政”，并请以近支亲王辅政。随后两宫太后下诏，历数载垣、端华、肃顺等人罪状，指责其与外国不能尽心和议，使朝廷失信各国，皇帝避走热河。同时，命载垣、端华、肃顺解职，听候处分，景寿、穆荫、匡源、杜翰、焦佑瀛退出军机处。当日，又下诏将载垣、端华、肃顺革职拿问。11月3日，两宫太后降旨，任命奕䜣为议政王，掌管军机处，桂良、沈兆霖、文祥、宝鋆为军机大臣。11月7日，下诏废“祺祥”年号，以翌年为“同治”元年。11月8日，再下诏命载垣、端华自尽，肃顺处斩；景寿、匡源、杜翰、焦佑瀛革职；穆荫发配充军。11日，载淳正式即位。两宫太后垂帘听政。

资料出处：

1. 徐彻：《慈禧太后》，人民文学出版社，2012年版。

2. 诸葛文：《细说清代十二朝》，京华出版社，2005年版。

（二）问题思考

1. 中外反动势力的勾结是如何实现的？

2. 为什么说第二次鸦片战争后，中国半殖民地化程度开始加深？

（三）案例分析

辛酉政变是清朝统治阶级内部争夺执政大权的宫廷政变。这场政变突出反映了第二次鸦片战争带给中国社会的影响。政变后，慈禧与奕䜣联合控制了清王朝的最高统治权。这是慈禧登上清朝政治舞台的开端。从此以后，慈禧太后控制清朝政局达半个世纪之久。慈禧当政期间，玩弄权术，祸国殃民，对外投靠帝国主义，出卖国家主权；对内镇压人民反抗，勾结帝国主义势力，镇压了太平天国，绞杀了义和团，使近代中国一步步滑向半殖民地半封建社会的深渊。

这场政变，直接扫除了中外反动势力互相勾结的障碍。中国半殖民地化程度开始加深。

奕䜣、慈禧与肃顺等人对外国列强的态度截然不同。肃顺等人对外国列强一直猜忌很深，桀骜不驯，被外国人视为眼中钉。而奕䜣等人则与外国联系较多，颇受外人青睐。当咸丰皇帝出逃热河时，留在北京的奕䜣借与外国谈判的机会，与外国人勾结在一起，得到了西方列强的信任和支持。所以，这场政变是中外反动势力勾结的开端。

（四）教学建议

在讲授资本-帝国主义对中国进行“政治控制——控制中国的内政、外交”问题时，可介绍这个案例。辛酉政变使中外反动势力的勾结得以实现，外国列强开始控制清王朝的内政和外交，中国半殖民地化程度开始加深。教师在运用这个案例时，要结合第二次鸦片战争进行讲解。帝国主义列强通过发动第二次鸦片战争，采取先打后拉的手段，培植统治中国的代理人，以帮助镇压太平天国为诱饵，迫使清朝统治者就范，反映了西方侵略者的阴险和狡诈以及清王朝借外国势力维护其反动统治的本质。

第二章　对国家出路的早期探索

一、教材分析

（一）教学目的

1. 认识太平天国农民战争、部分清朝统治者推行的洋务运动以及资产阶级的戊戌维新运动，都是近代不同阶级及其代表人物对国家出路的探索，并科学分析这些探索的历史作用。

2. 认识到农民阶级、地主阶级和资产阶级维新派都不可能使中国真正实现民族独立和国家富强。科学分析上述探索不能取得成功的根本原因。

（二）教学重点难点

【教学重点】

1.《天朝田亩制度》与《资政新篇》。

2. 洋务运动的主要内容。

3. 维新运动的性质与失败原因。

【教学难点】

理解农民阶级、地主阶级和资产阶级都不可能带领中国走向民族独立和国家富强。

（三）基本知识结构

第二章《对国家出路的早期探索》知识点层级关系		
一级知识点	二级知识点	三级知识点
对国家出路的早期探索	农民群众斗争风暴的起落	太平天国农民运动
		农民运动的意义和局限
	洋务运动的兴衰	洋务运动的兴办
		洋务运动的历史作用及失败
	维新运动的兴起和夭折	戊戌维新运动的开展
		戊戌维新运动的意义和教训

二、典型案例

【案例 1】从“马车铁路”看洋务运动艰难前进

（一）案例文本

在电影《让子弹飞》中，影片的开头和结尾用了同样的一个镜头：一列火车疾驰而来，而牵引力则是来自几匹奔腾的烈马，这让人感到匪夷所思，不知情者甚至以为这只是导演制造幽默的噱头。其实不然，在中国近代史上确实有“马拉火车”的故事。

历史翻到了 19 世纪中叶，一场突如其来的暴风雨改变了整个世界。曾经不可一世的清王朝被这场暴风雨卷向了无可挽回的衰落。西方的坚船利炮，让沉迷于大烟炮幻境中的中国人久久心悸。复兴，成了那时一批先锋者竭力作为的动机，一场“师夷长技以自强”的洋务运动兴起。虽然，他们的行为曾被史学家评价为“物”上的复苏，但是不可否认，历史正是在那些实实在在的“物”上开始转弯。

而当我们翻开史料，去触摸那些或明或暗的“物”的符号时，却恍然发现，竟然有一些就存在于我们生活的这座城市，就像唐山机务段火车头纪念碑上镌刻的一行文字中所言："中华铁路，师夷之技，源唐胥始，于龙号起，几多艰难，历经风雨。"如果说如今纵横在中华大地上的铁路网是中国的龙脉，那么这条曾经只有9.7公里长的唐胥铁路就是这龙脉之源。

新式工业企业的建立和发展，对煤炭的需求量空前增加，洋务派积极筹办新式煤矿来保障煤炭的供应。中国早期实业家唐廷枢，奉力主洋务的直隶总督李鸿章之命，筹建了中国历史上第一个采用近代采煤技术的煤矿——开平矿务局，改写了中国近千年的土窑采煤史。1878年，开平矿务局正式开办，"未出数月，出煤极旺"。

煤炭产量的逐年递增，直接需要建立适应煤炭外运的便利交通。矿务局总办唐廷枢想要修一条铁路。此前，李鸿章向清廷奏请铺设铁路，与保守派已经争论了十几年。李鸿章对修筑铁路很感兴趣，他早在1874年上奏清廷的《筹议海防折》中，就认为"南北洋七省，自须联为一气，方能呼应联通"，"何况有事之际，军情瞬息变更"，"有内地火车铁路，屯兵于旁，闻警驰援，可一日数百里，则统帅当不至于误事"。可惜他的主张，"其时文相目笑存之，廷臣会议，皆不置可否"。当时，皇室担心铁路铺成，外国侵略运兵更易，造成统治危机。士大夫认为火车冒着黑烟，噪音又特别大，实在是百害而无一利。平民百姓则认为建设铁路会破坏田地，影响风水。

为了把煤从矿区运到最近的海口装船运出，1879年唐廷枢禀请李鸿章准许矿务局修筑唐山到北塘口的运煤铁路。接到唐廷枢的禀奏，李鸿章机敏地感到这正是实现他筑路计划的好机会，于是便立即上奏朝廷，请修铁路，以便运煤。清政府也深知中国的机械船只，以煤为命，所以很快就批准开平矿务局自修铁路。李鸿章便聘请开平矿务局工程师、英国人金达负责督修。谁知正在筹办之时，突然又奉旨收回成命，筑路计划再次流产。

铁路不让修筑，开平矿务局只好开掘运河运煤，于1880年开凿了一条从芦台到胥各庄长达35公里的"煤河"来解决煤炭的外运。当煤河开凿到胥各庄时，凸起的地势使继续开凿无望，李鸿章只好再次上奏，把铁路缩短，仅修唐山到胥各庄一段，与煤河相连接。唐胥铁路的修建一波三折。清政府以铁路机车“烟伤禾稼，震动寝陵”为由，而禁止使用机车，开平煤矿在不得已的情况下，为避开清朝顽固派的反对，在筑路奏请中特别声明，路成之后，火车用骡马拖拉。清政府才算批准了这个奏请，允许修建唐胥铁路。因此，被世人称为“马车铁路”。

1881 年 6 月 9 日，自唐山起至胥各庄（今丰南区）一线的唐胥铁路开始铺轨，采用 1.435 毫米的轨距和每米 15 公斤的钢轨，9 月，全长 9.7 公里的唐胥铁路竣工，开始试运行。11 月 8 日正式通车。在英国人金达的指导下，胥各庄铁路修理厂的技术人员自己动手设计，利用废弃锅炉大胆进行改造，试制出中国第一台蒸汽机。为堵住顽固派之嘴，工人们在机车头上刻了一条龙，称之为“龙号”机车。这台蒸汽机的引力仅有 100 多吨，体形也不大，全长只有 5.73 米，每小时只能行驶 5 公里，并不比驴马车快多少，但它宣告了铁路和火车这件新生事物在中国大地上的出现。

铁路修好了，清廷却不允许使用火车头，因为火车轨附近就是清政府位于遵化的清东陵，由于担心影响皇陵从而影响龙脉，于是便出现了运输工人用驴、马拉着煤车在铁道上滑行的可笑之举。事实上，清东陵在距唐山 50 公里外的遵化马兰峪，所谓震动无从谈起，无非是保守派反对修铁路的借口。

1882 年由于开平煤矿的产量由 1881 年的 3600 吨猛增到 38000 吨，马拉驴拖实在是力不胜任。再加上清政府刚刚建立的北洋海军舰艇急需燃料煤，因此经过开平矿务局和李鸿章的疏通斡旋，“龙号”机车停了些许日子，又可以喷气运转了。英国人又重新设计和改造了“龙号”机车，时速提高到 30 公里。同年 10 月，清政府又从英国购入两台“0 号”机车，投入唐胥铁路。

1887 年，唐胥铁路展筑至芦台，1888 年展筑至天津，建成了我国自办铁路中的第一个运营车站——天津火车站。自天津到唐山 130 公里的路程只需要 3 个多小时，“为轮船所不及”。

资料出处：

1. 潘向明：《唐胥铁路史实考辨》，《江海学刊》，2009 年第 4 期。

2. 张兴军：《铁路来了，重构一个经济棋局》，《中华遗产》，2011 年第 7 期。

（二）问题思考

1. 顽固派反对机车行驶的理由是什么？

2. 从此案例，可以看出洋务运动“背后什么问题”？

3. 从此案例，分析洋务运动的历史进步性表现在哪些方面，又失败在哪些方面。

（三）案例分析

洋务运动是没落的清王朝开展的一场自救运动，它迈开了中国由传统社会向现代社会转型的第一步，是中国现代化进程的开端。它客观上刺激了中国资本主义的产生和发展，对外国资本主义的经济扩张起了一定的抑制作用。所谓“洋务运动”，就是指 19 世纪 60 至 90 年代，洋务派官僚所进行的与资本主义有密切联系的军事、政治、经济、文化以及外交等方面的一系列活动，而其中以“自强”为目的的“练兵制器”活动和以“求富”为目的的经济活动为中心。

洋务运动时期，在清朝统治阶级中与洋务派相对立的一股政治势力，我们称之为“顽固派”，大学士倭仁、徐桐是这派人物的代表。其思想特征是，唯祖宗之法是尊，唯古圣先贤是尚，闭目塞听，因循守旧，盲目排斥一切西方事物，对西方的“长技”也不能容忍，视之为洪水猛兽，深恶痛绝，还幻想依靠盲目排外、闭关锁国来维护封建统治。他们仍囿于“夷夏之辨”的樊篱埋头作茧自缚，攻击洋务派是“用夷变夏”，对洋务派搞洋务的行径深恶痛绝。

这条中国第一条属于自己的铁路修好后却出现了马拉火车事件，这便是顽固派干扰的结果。顽固派认定，铁路会“失我险阻，害我田庐，妨碍我风水”。火车头那般庞然大物，喷烟吐雾，叫声震天，拉起来风驰电掣，皇陵的风水岂不要受到威胁？哪有用马车拉着平平稳稳，慢慢乎乎的保险。

虽然反对声音强烈，但在洋务派的不懈努力下，中国终于揭开了自主修建铁路的序幕。铁路是近代工业的结果，也是工业化的前提。当国人还在抵制铁路时，铁路已经通行欧美了。国人反对的真正原因是怕破坏中华固有的传统，传统思想这种遇新则反的态度就成为中国近代化过程中最大的障碍。尽管铁路修成了，但保守思想并没有受到很大触动。

对于铁路的态度，与保守派相比，洋务派是非常进步的。他们毕竟睁开了半只眼睛，主张“师夷之长”，尽管这种“长”完全是技术性的。但洋务派在“中学为体，西学为用”思想的指导下，并没有从根本上摆脱保守的传统思想，这才是洋务运动失败、中国早期近代化进程极为缓慢的根本原因。

在洋务派人物看来，中国的封建制度是尽善尽美的，西方国家的制度比之不及，不能改变这个根本。例如，李鸿章就说：“中国文武制度，事事远出西人之上”。要学习利用的是什么呢？是西方的“火器”，是西方先进的军事装备和机器生产。后来，又从“求富”着眼扩大到仿行西方举办铁路、电报、制造、开矿、纺织等事业上。但搞这些，其本意绝不是要把封建的中国改造成资本主义的中国，而是企图借用西学资本主义的甲胄以保护清朝封建主义的躯体。

洋务派的这种思想，是由其阶级属性和在社会实际中的特殊体察所决定的。洋务派作为封建统治阶级的组成部分，它的阶级属性决定了它不可能对封建制度进行否定。

（四）教学建议

本案例通过介绍“马车铁路”的历史背景以及唐胥铁路一波三折的故事，引领学生分析中国早期铁路发展波折的原因，使他们认识到洋务运动推行的艰难。建议教师要引导学生分析洋务运动“背后的问题”，使得学生进行深层分析，既能看到洋务运动的历史进步，也能看到洋务运动的根本缺陷。

【案例2】清末的官派学生留美活动

（一）案例文本

洋务运动中，在创办新式学堂的同时，洋务派还有计划地向西方国家派遣留学生。容闳是第一个毕业于美国耶鲁大学的中国留学生，近代中国的第一位“海归”，是中国留学生事业的先驱，是幼童留美事业的主要促成者之一，被誉为“中国留学生之父”。在清末洋务运动中，他因促成并且经理了两件大事而彪炳史册：一是建成了中国近代第一座完整的机器厂——上海江南机器制造局；二是组织了第一批官费赴美留学幼童。在中国近代西学东渐、戊戌变法和辛亥革命中，容闳都有不可磨灭的贡献。

派遣幼童到美国留学，是“中华创始之举，古今未有之事”。这两句话，是曾国藩和李鸿章在给朝廷的奏折里说的。因为“古今未有”，所以这一计划的决定，采取了极其郑重的方式：1871 年 8 月 5 日，先由当时任两江总督兼南洋通商大臣的曾国藩和直隶总督兼北洋通商大臣的李鸿章联名，向同治皇帝（实际上是向垂帘听政的慈禧、慈安两位皇太后）会奏；太后们批给总理各国事务衙门复议；总理衙门和曾国藩、李鸿章对奏稿进行商议修订，9 月 5 日，再将“议奏”呈太后，最后，在 9 月 9 日，获得批准办理的圣旨。

下面是当时对幼童留美的具体事宜做的规定之一：

赴洋幼童学习一年，如气性顽劣，或不服水土，将来难望成就，就应由驻洋委员随时撤回。赴洋学习幼童入学之初，读什么书，学什么专业，应由驻洋委员列册登注，每四个月检查一次，年终汇总报告。驻洋正副委员，每人每月薪水银四百五十两，翻译一人，每月薪水一百六十两。每年驻洋公费银共六百两。正副委员翻译教习来回路费，每人银七百五十两。幼童来回路费及衣物，每人银七百九十两。幼童驻洋学费津贴屋租衣服食用等项，每年计银四百两。每年驻洋委员将一年花费开单报告，“倘正款有余，仍涓滴归公”，如果费用不足，可报告要求补充。留美事务局每年的预算，为库平银六万两，以二十年计算，约需库平银一百二十万两。当时的币值，每四两银约合美金五元五角，所以驻洋委员的月薪等于六百一十八美元，翻译的月薪二百二十美元；留学事务局每年预算为八万二千五百美元。

曾国藩和李鸿章决定，由翰林陈兰彬担任留学事务局正委员，容闳为副委员。清同治十一年七月九日（1872 年 8 月 12 日），上海港，一艘轮船起锚了。船上 30 名统一着装的中国幼童向码头上送行的亲人挥手惜别，分外惹人注意。他们中很多人连县城都没去过，但现在即将远行，目的地是传说中的美国。

清末的官派学生留洋活动，至此拉开了序幕。对这个有着悠久文明，向来把异国蔑视为“夷”的国家来说，迈出这一步并不容易。自 1872 年（同治十一年）起，至 1875 年止，中国共派出四批幼童计 120 名，最幼者 10 岁，最长者 16 岁，平均年龄 12 岁。

官方提供的条件十分优厚：赴美留学期限长达十五年，在此期间，政府负责衣食住行等全部开销，还有大学毕业后在美游学两年的花费。学成归国后听候总理衙门量才使用，这意味着学生不必担心日后的身份，他们先走西学之路，再回正规仕途。

“留美幼童”李恩富，1886 年在美国出版了一本书《我在中国的童年故事》（*When I Was a Boy in China*）。他记述了当时人们对这次政府招生的真实反应：

实际上，当时几乎没有哪家的父母愿意把自己的儿子送到一个远得他们根本就不知道在什么地方的国家，而且时间是如此之长。更主要的是，那个国家据传说住的是一些尚未开化的野蛮人。

招生的困难显而易见，最初几乎就没有人报名；然而清政府却没有降格以求。实际上，从在上海设立预备学校招生起，挑选的条件就极为严格：

凡肄业学生必须身家清白、品貌端正、禀赋厚实、资质明敏者方可入选。其身体孱弱及废疾者概不收录。

凡挑选以年在十岁至二十岁为率，凡十二岁至十四岁者择其文理略通即可入选，其十五岁至二十岁必须中国文理通顺及粗通洋文，略解翻译方可入选。

对“社会关系”的严格审查，看来早已有之。孩子的家庭出身背景要好。当时清政府刚刚平定太平天国之乱，并打败北方的捻军，因此所选的幼童，家庭成员中决不可有曾经参加“祸乱”之人，以免留下隐患。

在留学观念淡漠的 19 世纪 70 年代，在如此严格的条件之下，仍然有 100 多个家庭的父母把儿子送上了赴美留学之路。这其中有五家人甚至送了兄弟两人前去留学。置之当日的环境，这100多个“敢为天下先”的家庭真是非比寻常。看看这120名幼童的籍贯，可以发现十分明显的特征。120人中，来自广东一省的竟有84人，占了70%。此外是22名江苏籍孩子，占18%。其余的则零星地来自浙江（8人）、安徽（3人）、福建（2人）和山东（1人）。

广东籍的幼童中，来自香山县的有39名，在全部幼童中几乎每三人中就有一人是香山人。这不难解释——容闳是香山人，在招生困难的情况下，他很自然地把眼光投向了毗邻澳门、风气早开的故乡。

容闳在第一批学生出发前，先行赴美安排一切。他特访了母校耶鲁大学的校长波特，波特建议，将30名幼童每两三人分成一组，寄居于美国家庭之中，所有提供膳宿的家庭，一切费用均由中国政府按期照值给付，这样可使幼童学习英文的效率大大提高。容闳欣然接受了这一提议。后来的事实证明，这是一个影响到幼童及整个幼童留美事业命运的建议。

关于留美幼童的学习和生活，后来成为卓越工程师的幼童温秉忠1923年曾在一篇演讲词中回忆：“最初，幼童均穿长袍马褂，并且结着辫子，使美国人当他们是女孩。……为了减少困扰，数月以后，幼童向‘出洋肄业局’委员呈准改穿美式服装。当时幼童平均不及15岁，对新生活适应很快，迅速接受了美国的观念及理想。”

幼童“美国化”的速度惊人，不仅要求改装，有的甚至希望剪掉被清廷视为忠君爱国象征的辫子，有的还加入了基督教。怎样应对这种趋势，肄业局委员陈兰彬和后任委员吴嘉善，与副委员容闳针锋相对：容闳理解、同情幼童，陈、吴则斥之为数典忘祖。

国内攻击幼童事业的声音也一直没有消歇过。光绪六年十一月（1880年12月），一位叫李文彬的御史上了一个折子，弹劾留美幼童，“多入耶稣教门，其寄回家信有‘入教恨晚死不易志’等语。……或习为游戏，或流入异教，非徒无益，反致有损，关系实非浅鲜”。

光绪七年（1881 年）七月，中国幼童奉命辍学撤退回国。当幼童由美国撤回时，全体幼童中，只有詹天佑等两人大学毕业。清末官派幼童留学计划就此夭折。

分三批回国的幼童，第一批 21 人中有 17 人被分配到 1880 年刚刚创办的天津电报学堂。在美国成绩优异的耶鲁学生梁敦彦、黄开甲都曾是天津的“电报生”，但他们不久就被高官看中，梁敦彦成了两广总督张之洞的秘书，黄开甲成了中国电报局总办盛宣怀的秘书。更多比他们年龄小、学历浅的幼童们则和电报事业终身相伴，他们在这里学习收发报、勘测、电讯原理，出了学堂即投入大规模的“电线”建设。

“留美幼童”被清廷“召回”后，94 人中有 41 人被分配到包括北洋水师、广东水师、福建船政、江南制造局、大沽鱼雷局在内的海军系统。他们正赶上大清海军发展的浪峰时期，许多人在 1888 年北洋海军正式成军时得到朝廷的任命，成为中国最早的新式海军军官。

这批留美生大都在不同的岗位上为中国的现代化作出了应有的贡献。如詹天佑，是中国首位铁路总工程师，1872 年的第一批留美幼童之一，毕业于耶鲁大学土木工程专业。他与京张铁路的故事为中国学生所熟知。唐国安，于 1873 年第二批赴美。他考入耶鲁大学法律系，后因清政府中止留学政策，学业未竟，提前回国。1912 年 4 月至 1913 年 8 月出任清华学校（清华大学前身）第一任校长（1912 年 5 月以前称监督）。唐绍仪，1874 年成为第三批留美幼童，清末民初著名政治活动家、外交家，中华民国第一任内阁总理，曾任北洋大学（现天津大学）校长。

资料出处：

钱钢、胡劲草：《留美幼童——中国最早的官派留学生》，文汇出版社，2004年版。

（二）问题思考

1.“留美幼童”计划为何中途夭折，这一历史事件深刻地反映了洋务运动的哪些问题？

2. 从此案例，可以看出洋务运动的历史作用和失败原因是什么。

（三）案例分析

洋务派开办新学堂、派遣留学生是中国近代教育的开始，开阔了中国人的视野。但洋务运动毕竟是没落的清王朝开展的一场自救运动，洋务派用以指导其洋务活动的思想固然也是很复杂的，但最基本的、最核心的东西可以归结到“中学为体，西学为用”（简为“中体西用”），这也可以说是整个洋务运动的思想纲领。“中体西用”最早的提出，是1861年早期思想启蒙者冯桂芬的《校邠庐抗议》，冯说：“以中国伦常名教为原本，辅以诸国富强之术”，提出了“以中学为体，以西学为用”的思想，简称“中体西用”。

清末“幼童留美”计划中途夭折的原因，就跟洋务运动的思想纲领和性质是分不开的。清政府只希望留学生掌握西方的先进技术，而思想观念上必须以“中学”即传统儒学为正宗，不能认同西方的思想和体制，回国后能以其所学技术促进洋务运动的发展，效忠朝廷，巩固统治。因此特别开设“中学”课程，专门灌输儒家君臣父子等的伦理道德、思想观念，严格规定幼童们不能入教和剪辫子，但长期在异邦的生活，幼童们迅速适应了西方的生活方式，开始剪辫易服，思想上也对封建纲常的教育表现出不满。这种变化是清政府所不能容忍的。因此，清政府匆忙召回学生，致使计划夭折。

洋务运动的思想纲领和性质始终是洋务运动的桎梏，而封建制度更是“幼童留美”计划夭折的根本原因。“幼童留美”计划的夭折从一个侧面反映了洋务运动的局限性，也是洋务运动失败的原因之一——具有封建性：“中学为体、西学为用”的指导思想是以吸取西方近代生产技术为手段来维护和巩固封建统治的目的，这决定了它必然失败的命运。

另外，还要看到清末的官派留美计划虽然夭折，但归国的留学生掌握了一定的技术专长，其中的很多人还为国家的铁路、矿山、电讯等中国早期的工业发展中作出了积极的贡献，在一定程度地促进了中国社会和工业的发展，引起了价值观念和社会风气的变化。这也反映了洋务运动的历史作用。

（四）教学建议

本案例通过介绍“清末留美幼童”计划的兴起和夭折，引领学生分析中国早期出国留学的发展，使他们认识到洋务运动中教育救国的路子为何行不通。建议教师要引导学生分析早期留学事件的背景和原因，使得学生进行深层分析，既能看到洋务运动的历史作用，也能了解洋务运动的性质和指导思想，从而学会正确的评价洋务运动。也有利于进一步加深学生对中国工业化道路历史选择的理解，认识到工业救国、教育救国并没有错，但其前提是必须推翻腐朽的封建制度，明白洋务运动失败的根本原因是什么。

【案例 3】梦醒春帆楼

（一）案例文本

在洋务运动轰轰烈烈开展的同时，1874 年，日本派兵登陆台湾，企图据为己有。后来虽然被清军驱逐，但也让清政府认识到建立海防的重要性，从而产生建立海军的设想。从1875年开始，分建南北洋水师。因为当时军费短缺，清政府当时的主要敌人是日本，所以全力建设北洋水军。等北洋水师实力雄厚后，再“以一化三”，变成“三洋水师”。“三洋”指北洋、南洋、福建。1888年，北洋水师正式成立，标志着中国有自己的第一支现代海洋舰队了。北洋水师成立后，还制造了军旗，当时为黄龙旗。只可惜，这只海军建成后，军费大幅度缩减，甚至大量被慈禧太后挪用，操办她的60大寿庆典。所以，长期以来，战舰不得更换，火炮也日益陈旧、落伍。

而日本经过明治维新后，开始走上资本主义道路，对外积极侵略扩张，确定了以中国为中心的“大陆政策”；1888年，日本产业革命出现高潮，因此急需对外的商品输出和资本输出。但日本作为一个岛国，国内本身就资源匮乏、市场狭小，加之国内封建残余势力的浓厚及社会转型期各种矛盾的尖锐，因此以天皇为首的日本统治集团急于从对外扩张中寻求出路。

清朝北洋海军自正式建军后，就再没有增添任何舰只，舰龄渐渐老化，与日本新添的战舰相比之下，火力弱、射速慢、航速迟缓。到甲午战争前，北洋舰队的大沽口、威海卫和旅顺三大基地建成，但清朝军事变革基本停留在改良武器装备的低级阶段。陆海军总兵力虽多达80余万人，但编制落后，管理混乱，训练废弛，战斗力低下。1891年以后，北洋水师甚至连枪炮弹药都停止购买了。

1894年7月25日，日本海军在丰岛海面对中国海军的护航舰队和运输船发动了突然袭击。8月1日，中日正式宣战，甲午海战爆发。1895年3月17日，日军在刘公岛登陆，威海卫海军基地陷落，北洋舰队全军覆没。中日甲午战争以中国战败、被迫接受丧权辱国的《马关条约》而结束。

1895 年 3 月 19 日，李鸿章一行九十余人迎着潇潇春雨，抵达了日本山口县马关市门司港。一路上，李鸿章愁怨满腹，快到马关时，他吟诗一首：“晚倾波涛离海岸，天风浩荡白鸥闲。舟人哪知伤心处，遥指前程是马关。”

随即开始与日方全权大臣伊藤博文等进行谈判。在谈到台湾问题上，日方坚决不让步，威胁必须一个月内办理台湾交接，李鸿章说：“头绪纷繁，两月方宽，办事较妥，贵国何必急急，台湾已是口中之物。”伊藤博文则答曰：“尚未下咽，饥甚！”伊藤等人摆出战胜者居高临下的架势，气焰嚣张，不管李鸿章怎样乞求辩解，日方在停战条件上毫不让步。

日本让李鸿章到马关的一个中国餐厅春帆楼签约。之所以选定马关的春帆楼，是因为伊藤博文想在李鸿章面前炫耀日本的军事能力。春帆楼是当时日本规格数一数二的旅馆，无论从接待级别，还是从安保条件上，都不失水准。而且春帆楼正对着关门海峡，从房间里就能看到行驶在关门海峡的日本军舰。伊藤博文想以此进行心理战，打击中方代表李鸿章。

现在的春帆楼，背后有一条山间的草丛小径，通向李鸿章下榻的接引寺。标识牌上写着：“李鸿章道”。当时每天去春帆楼会场的李鸿章，为防不测，总是避开大路，特意拨开草丛，走这条偏僻小径。但即便如此，被军事胜利煽动得几近疯癫的日本人，热盼战争扩大，生怕春帆楼和谈成功，唯恐事态就此罢休。一名叫小山六之助的右翼团体“神刀馆”成员在马关潜伏许久，一日在这条小径上断然拦路，刺杀李鸿章。由于日方步步紧逼，伤势未愈的李鸿章考虑到事态严重，不得不抱伤与会。

4 月 18 日，72 岁的李鸿章垂头丧气，黯然离开了日本马关，这是他人生中最为屈辱的一天，至死都无法忘怀。就在前一天即 4 月 17 日，清政府全权谈判代表李鸿章，在日本政府代表伊藤博文的咄咄逼视下，用颤抖的双手签署了中国近代史上空前屈辱的不平等条约——《马关条约》。至此，历时9个月的中日甲午战争以清政府的完败而告终，中国赔偿日本2.3亿白银，割让台湾澎湖列岛，被迫开放多个通商口岸。

帝国主义列强对中国的争夺和瓜分的图谋，在1894年中日甲午战争爆发后达到高潮。中日《马关条约》规定把台湾、澎湖列岛和辽东半岛割让给日本，更大大刺激了帝国主义列强瓜分中国领土的野心，并激化了列强争夺中国的矛盾。俄国认为，日本割取辽东半岛损害了俄国在中国的侵略利益，便联合法国和德国共同干涉还辽，迫使日本放弃了割占辽东半岛的要求。日本则以再向中国勒索3000万两白银“赎辽费”作为补偿。俄、德、法三国又以干涉还辽“有功”为由，要求租借中国港湾作为报酬。德、俄、英、法、日等国于1898年至1899年竞相租借港湾和划分势力范围，掀起了瓜分中国的狂潮。

《马关条约》的签订，举国为之哗然。鸦片战争以后，中国还只是少数人有朦胧的民族觉醒意识。中日甲午战争以后，当中华民族面临生死存亡的关头时，中国人才开始有了普遍的民族意识的觉醒。

资料出处：

苑书义：《李鸿章传》，人民出版社，1994年版。

（二）问题思考

1.《马关条约》的签订是什么原因造成的？对中国造成了什么影响？

2.为何说《马关条约》的签订后，中国人有了普遍的民族意识的觉醒？

（三）案例分析

《马关条约》的签订是中国近代史上的一个大转折，是继《南京条约》以来最严重的不平等条约。《马关条约》条款非常苛刻，就清政府而言，赔偿和财力损失是极大的。赔偿的军费达 2 亿两，加上赎辽费 3000 万两和威海卫日本驻守费 150 万两，共计 23150 万两，相当于清政府三年的财政收入。另外，日军还从中国掠夺了大量的船只、兵器、机器、粮食等，也价值 1 亿两。巨额的赔款，使清政府不得不靠举借外债应付，列强则通过贷款控制中国的经济命脉。《马关条约》的签订给近代中国社会带来严重危害，大大加速了中国半殖民地化进程，加重了中国人民的负担，加深了民族危机。这笔巨额赔款，相当于日本全年收入的三倍多，其 85% 被日本政府充作军费，日本迅速发展成军事帝国主义，成为侵略中国的主要敌人之一。台湾等大片领土的割让，进一步破坏了中国主权的完整，刺激了列强瓜分中国的野心，民族危机进一步加深。此后，帝国主义列强掀起了瓜分中国的狂潮，中国的民族危机空前严重了。

中国在甲午战争中的失败，对中国人的刺激极大。梁启超指出："吾国四千余年大梦之唤醒，实自甲午战败割台湾、偿二百兆以后始也。"接踵而来的瓜分狂潮，更使中华民族的各阶级、各阶层普遍产生了亡国灭种的危机感。1898 年有人绘制的一幅《时局图》，更是形象地表现了当时中国面临的瓜分危局。

康有为 1898 年 4 月在保国会的演说中把这种民族意识表达得淋漓尽致。他说："吾中国四万万人，无贵无贱，当今日在覆屋之下、漏舟之中、薪火之上，如笼中之鸟、釜底之鱼、牢中之囚，为奴隶、为牛马、为犬羊，听人驱使，听人割宰，此四千年中二十朝未有之奇变。"

在甲午战争后，严复翻译了《天演论》（1898 年正式出版）。他用"物竞天择""适者生存"的社会进化论思想，为这种危机意识和民族意识提供了理论根据。他在该书按语中指出，世界上一切民族都在为生存而竞争，"进者存而传焉，不进者病而亡焉"，"负者日退而胜者日昌"，中华民族也不能例外。中国如果不能改革自强，就会"弱者先绝"，亡国灭种。

民族危机激发了中华民族的觉醒，增强了中华民族的凝聚力。中国自古以来的“天下兴亡，匹夫有责”的优良传统，得到了发扬和升华。救亡图存成了时代的主旋律。近代以来，中国的志士仁人正是怀着强烈的忧患意识和变革意识，历尽千辛万苦，不怕流血牺牲，去探索挽救中华民族危亡、实现民族复兴的道路的。这些斗争和探索，使中华民族燃烧起了新的希望。

（四）教学建议

本案例通过介绍《马关条约》签订前后的背景及过程，引领学生分析洋务运动为何失败，中国近代史如何一步步加深民族危机，又是如何寻找出路的。建议教师要引导学生分析《马关条约》签订的前因后果，使得学生认识到腐朽的封建王朝和帝国主义的侵略是近代中国民族危机加深的根源。在危机中，中华民族开始觉醒，开始寻求真正的救国出路，不再局限于学习西方的技术和器物，而是从制度上、思想上开始进行民族复兴的斗争和探索，走上真正适合中国人民的正确道路。

第三章　辛亥革命与君主专制制度的终结

一、教材分析

（一）教学目的

1. 通过分析辛亥革命爆发的社会历史条件，说明近代中国革命发生、发展的历史必然性。

2. 通过对三民主义政治思想的分析，说明资产阶级革命的历史意义以及三民主义政治思想在近代中国的历史命运。

3. 通过分析辛亥革命失败的原因，说明资产阶级共和国的方案在近代中国行不通，资产阶级共和国的方案没有能够救中国。

（二）教学重点难点

【教学重点】

1. 孙中山与三民主义学说的主要内容、进步意义和局限性。

2. 辛亥革命的历史意义、失败的原因及其经验教训。

3. 资产阶级共和国方案在中国行不通的原因。

【教学难点】

1. 如何评价三民主义？

2. 如何看待辛亥革命的成与败？

（三）基本知识结构

第三章《辛亥革命与君主专制制度的终结》知识点层级关系		
一级知识点	二级知识点	三级知识点
辛亥革命与君主专制制度的终结	举起近代民族民主革命的旗帜	辛亥革命爆发的历史条件
		资产阶级革命派的活动
		资产阶级共和国方案
		关于革命与改良的辩论
	辛亥革命与建立民国	封建帝制的覆灭
		中华民国的建立
	辛亥革命的失败	封建军阀专制统治的形成
		旧民主主义革命的失败

二、典型案例

【案例 1】袁世凯窃夺辛亥革命胜利果实

（一）案例文本

袁世凯，字慰庭，号容庵，生于 1859 年，卒于 1916 年，河南项城人。辛亥革命期间，他勾结帝国主义列强，采取软硬兼施手段，窃取了辛亥革命胜利果实，成了名副其实的窃国大盗。

袁世凯出生于官宦之家。他的叔祖父袁甲三以办团练镇压捻军起家，官至漕运总督。父亲袁保中为地方豪绅，在家乡办团练对抗捻军。叔父袁保庆在袁甲三军中带兵，官至江南盐巡道。袁世凯自幼过继给袁保庆，过着纨绔子弟的生活。袁世凯八岁时随袁保庆至济南读书，后又转到南京读书。1873 年，袁保庆病故，他又被过继给袁甲三的儿子袁保恒。袁保恒当时为刑部侍郎，袁世凯前往北京。袁世凯在北京一面读书，一面混迹于官场，学会了一套投机钻营之术。1878 年，袁保恒病死，袁世凯又回到家乡，花钱捐了个“中书科中书”。当时，袁世凯本打算通过科举取得功名。但他实在不是读书的料，在1876年和1879年的两次乡试中都名落孙山。他一气之下烧了自己所作的诗文，决定投笔从戎。

1881年，袁世凯到山东投靠淮军将领吴长庆。由于吴长庆和袁保庆是拜把兄弟，袁世凯被任命为营务处会办。1882年，朝鲜发生“壬午兵变”，吴长庆奉命率军前往朝鲜“平叛”，袁世凯负责前敌营务处。由于平叛有功，清政府奖励袁世凯五品同知衔。1885年，他又被李鸿章保举，任“驻朝总理交涉通商事宜”大臣。

甲午战争失败后，清王朝感到原有的湘军、淮军及八旗兵已失去支柱作用，决定在天津小站编练新式陆军。袁世凯看准机会，用重金收买慈禧太后宠臣荣禄和庆亲王奕劻，窃取了小站练兵职权（天津小站编练新军，本由广西按察使胡燏棻主持，袁世凯几经钻营，把编练新军大权抢到自己手中）。1895年，袁世凯走马上任，以十个营的定武军为基础，逐渐编练了一支七千人的新建陆军。这支新建陆军采用德国陆军建制，装备德国武器，聘请德国军人充当教官。袁世凯深知培植私人势力的重要性，极力把这支军队培养为私人武装。他网罗了王士珍、段祺瑞、冯国璋、徐世昌、曹锟等人作为新建陆军的骨干，把他们培植成自己的亲信，又通过各级军官向士兵灌输“效忠袁世凯”“袁世凯是衣食父母”等观念，使这支军队只听命于袁世凯。1897年，袁世凯因练兵有功，被提升为直隶按察使，专管练兵事宜。

甲午战争失败后，康有为、梁启超等人掀起了变法维新运动。袁世凯认为这是一个博得名声的好机会，表示赞同变法。1895年7月，他将康有为的“万言书”递交到督办军务处。9月，他加入了维新派组织的“强学会”。1898年，在维新运动达到高潮之际，他又派徐世昌到北京与维新派进行联络。袁世凯的这些表现，赢得了维新派的好感。康有为等人特意向光绪皇帝推荐袁世凯，认为他是可依赖之人。为此，光绪皇帝在9月16日召见袁世凯，特赏候补侍郎衔，专办练兵事务。9月18日，维新派和光绪皇帝陷于危险境地，在接到光绪皇帝求救密诏后，维新派骨干谭嗣同夜访袁世凯住所法华寺，希望袁世凯挽救危局。袁世凯在答应了谭嗣同的请求后，返回天津。1898年9月21日，慈禧太后发动政变，囚禁光绪帝，追捕维新派。袁世凯在天津向荣禄出卖了维新派和光绪皇帝。

1898年12月，袁世凯的新建陆军改名武卫右军，由慈禧宠臣荣禄节制。1899年，义和团运动在山东迅速发展。应帝国主义列强要求，清政府任命袁世凯署理山东巡抚，率武卫右军前往镇压义和团。他上任后，极力讨好帝国主义列强，采用各种手段解散、镇压义和团。1900年，八国联军发动侵华战争，清政府被迫对外宣战。袁世凯不执行清朝的宣战令，与东南各省实行“互保”，大大赢得了帝国主义的青睐。他的武卫右军在战争中不但没有受损，反而扩充到将近20000人，成为北方最强的军队。1901年，因与八国联军谈判而心力交瘁的李鸿章病死，死前，李鸿章推荐袁世凯继任直隶总督兼北洋大臣，各帝国主义国家也向清王朝推荐袁世凯。在这种形势下，清王朝任命袁世凯署理直隶总督兼北洋大臣，不久转为实授。1902年，袁世凯兼任练兵大臣，在保定创设北洋军政司，自任督办，开始编练北洋常备军。1903年，经他建议，清朝在北京设立练兵处。为避免清贵族猜忌，他力推奕劻为总理大臣，自己为会办大臣。但实权在他手中。1905年，袁世凯正式建成北洋六镇军队，每镇12500人，除一镇为满人统领外，其余五镇重要将领几乎都是袁世凯“小站”嫡系。以袁世凯为首的北洋军阀武装集团基本形成。

袁世凯势力的发展，引起了满洲权贵的不安。1907年，清朝以明升暗降的办法，调袁世凯为军机大臣兼外交部尚书，剥夺他对北洋六镇的控制权。

1908 年，光绪帝和慈禧太后先后死去，年仅三岁的溥仪继位，溥仪的父亲载沣监国摄政。由于袁世凯曾经出卖过光绪皇帝，载沣发誓要为自己的哥哥光绪帝报仇。但是，载沣懦弱无能，处事优柔寡断，始终不敢对袁世凯下手。他与庆亲王奕劻和湖广总督张之洞密商除掉袁世凯，奕劻和张之洞均表示反对。最后，载沣以袁世凯有“足疾”为借口，将他赶回河南彰德养病。

袁世凯虽然被赶回河南老家，但他的亲信和密探遍布朝廷，清廷的一举一动都在他掌握之中。

1911 年 10 月 10 日，武昌起义爆发，清廷上下惶恐不安。10 月 12 日，清朝命陆军大臣荫昌率两镇北洋军南下，镇压武昌起义。然而，北洋军早已成为袁世凯的私人军队，荫昌根本指挥不动。清朝不得已重新起用袁世凯。10 月 14 日，清朝任命袁世凯为湖广总督，命他率北洋军南下镇压革命党人。但是，一个湖广总督头衔根本满足不了袁世凯的野心，他以“足疾未愈”为借口，拒绝接受任命。此时，帝国主义国家也敦促清廷起用袁世凯。10 月 27 日，清朝任命袁世凯为钦差大臣，节制水陆各军。11 月 1 日，清朝又任命他为“内阁总理大臣”。袁世凯见大权在握，立刻赶往湖北，督促北洋军于 11 月 2 日攻占汉口。11 月 13 日，袁世凯抵达北京，16 日组成责任内阁，掌握了清朝全部大权。

袁世凯完成组阁后，回过头来对付南方革命党人。他采取又打又拉的手段迫使南方革命党人就范。他命北洋军攻占汉阳，炮轰武昌，威胁南方革命政府，迫使革命党人与他会谈。此时，南方独立各省代表通过了“虚临时总统之席位，以待袁世凯反正归来”的决议。同时，袁世凯又与英国公使朱尔典密商，由英国驻汉口领事出面，建议双方停战。接着，袁世凯派唐绍仪与南方代表在上海谈判。双方达成默契，只要袁世凯赞成共和，就推举袁世凯为临时大总统。12 月 29 日，孙中山由海外回国，被选举为南京临时政府临时大总统。孙中山于当选当天发表声明："暂时承乏，虚席以待"，只要袁世凯赞成共和，就把总统职位让给他。随后，袁世凯与南京方面达成协议，由袁世凯负责让清帝退位。清帝退位后，由袁世凯担任临时大总统。

袁世凯得到南方政府让出大总统职位的保证后，回过头来对清朝实行逼宫。他先让他的亲信赵秉钧代表他参加隆裕太后主持的御前会议，正式提出清帝退位问题。然后，他又授意段祺瑞联合北洋将领，通电要求清廷"立定共和政体"。袁世凯还亲自跪在隆裕太后面前，痛哭流涕地表示，他对南方的革命军无能为力，劝清帝早日退位。他还以革命党人彭家珍炸死反对清帝退位的满洲贵族良弼事件相威胁，要求清朝确定共和政体。隆裕太后见大势已去，被迫接受清帝退位条件。1912 年 2 月 12 日，隆裕太后代溥仪发布退位诏书。孙中山也辞去临时大总统职务。这样，袁世凯窃夺了辛亥革命的胜利果实。

资料出处：

侯宜杰：《袁世凯传》，群众出版社，2013 年版。

（二）问题思考

1. 袁世凯是如何篡夺辛亥革命胜利果实的？

2. 辛亥革命失败的原因是什么？

3. 中国革命最主要的敌人是谁？

（三）案例分析

袁世凯是中国近代史上的窃国大盗，是封建军阀势力的总代表。他与帝国主义国家势力勾结，以帝国主义势力做靠山，用两面威胁的手段，窃取了辛亥革命的胜利果实。然后，企图复辟帝制，与日本签订灭亡中国的“二十一条”，以换取日本对他称帝的支持。

辛亥革命是在袁世凯和帝国主义势力的联合破坏下失败的。在袁世凯与南方革命政府议和的过程中，帝国主义势力一直偏袒袁世凯，使袁世凯顺利地窃取了辛亥革命的胜利果实。辛亥革命的失败表明，帝国主义和封建势力是中国革命的主要敌人。封建主义势力要维护自己的独裁统治，需要帝国主义势力的支持，而帝国主义势力为了维护在中国的侵略利益，也需要扶植中国的封建势力作为他们统治中国的代理人。帝国主义绝不允许中国发展资本主义，绝不允许中国成为一个强大的资本主义国家。这是辛亥革命失败的根本原因。

（四）教学建议

教师在讲解这个案例时，要让学生认清三个方面的问题：第一，袁世凯是近代中国封建军阀势力的总代表；第二，中国革命的主要敌人是帝国主义和封建主义势力；第三，在帝国主义和封建主义的统治下，在半殖民地半封建社会的旧中国，资本主义道路走不通。

【案例 2】滦州起义

（一）案例文本

滦州起义发生于 1911 年 12 月 31 日，是在同盟会北方革命组织领导下，由驻河北滦州的新军第二十镇第一、二营管带施从云、王金铭等领导的反清起义。这次起义虽然被镇压，但它却打乱了清王朝镇压武昌起义的部署，有力地支援了南方革命，加快了清王朝灭亡的进程。

同盟会成立后，迅速在北方建立革命组织，积极进行革命活动。1907年，同盟会骨干宋教仁与驻扎东北的新军第六镇统制吴禄贞、新军第二混成协统领蓝天蔚等在奉天（今沈阳）建立中国同盟会辽宁支部。新军中的下级军官王金铭、施从云、冯玉祥等人也组建了“武学研究会”（因会员多为山东人，后来改名“山东同乡会”），暗中传播革命思想，发展革命同志，密谋举事。同盟会员刘一清、戴锡九、商震、孙谏声等也在新军中进行革命宣传。

1911年4月，为震慑北方革命党人，清朝决定于10月10日至20日在直隶永平府（治所在今河北卢龙县）所辖的滦州（今河北滦县）举行由禁军和京畿新军参加的大规模军事操练，史称“永平秋操”。新军第六镇统制吴禄贞、第二十镇统制张绍增、第二混成协统领蓝天蔚均率部参加。这是反清起义的绝佳机会。张绍增与吴禄贞、蓝天蔚商议决定，利用秋操之机，暗带子弹，寻机起义。中国同盟会十分重视滦州的革命活动，先后四次派北方总代表王葆真到滦州，说服张绍增反清，并提出起义指导意见。为策划滦州起义，北方革命党人还在1911年春天成立了“北方共和会”，推白雅雨为会长。同盟会京津保支部也先期派出了白毓昆、熊朝霖、凌钺、陈涛等人潜往滦州，配合起义。北方铁血会、共进会、克复学会等革命组织也都在积极准备起义。

1911年10月9日，张绍增率秋操部队进驻滦州，准备起义。不料，10月10日武昌起义爆发，清朝慌忙停止秋操，调滦州新军南下镇压武昌起义，起义计划被打乱。面对形势变化，张绍增将留在东北的第二十镇新军全部调往滦州，并拒绝执行清朝要他南下的命令。同时，经与吴禄贞往返密商，决定改起义为兵谏，以兵谏方式威胁清王朝，配合南方革命。10月27日，张绍增派人将兵谏奏折和十二条政纲面呈清廷，蓝天蔚则由东北将兵谏奏折和十二条政纲电奏清廷。十二条政纲内容是：一、大清皇帝万世一系。二、于本年内召集国会。三、宪法由国会起草，以皇帝之名义宣布之，但皇帝不得加以修正或否认。四、缔结条约及讲和，由国会取决，以皇帝之名义行之。五、皇帝统帅海陆军，但对国内用兵时，必经国会议决。六、不得以命令施行“就地正法，格杀勿论”之事。七、特赦国事犯。八、组织责任内阁，总理大臣由国会选举后，以皇帝敕任之，其他国务大臣由总理大臣推荐任之。皇族不得为国务大臣。九、国会有修改宪法之提议权。十、本年度预算未经国务议决，不得适用前年度之预算支出。十一、凡增重人民之负担，须由国会议决。十二、宪法及国会法之制定，军人有参与权。

10 月 28 日，山西新军发动起义，推阎锡山为都督，陕西宣布独立。张绍增与吴禄贞商议决定，由吴禄贞出面联系阎锡山，组建燕晋联军，从东西两面夹击北京。之后，吴禄贞到达石家庄，很快与阎锡山取得联系，组建了燕晋联军。11 月 2 日，吴禄贞在石家庄扣押了清廷运往武汉的军用物资。清廷闻讯十分震惊，急忙采取下罪己诏拖延时间、起用袁世凯、拉拢分化第二十镇中下级军官的办法，应对危机。11 月 5 日，张绍增在滦州打出立宪军旗帜，积极准备与燕晋联军夹击北京。但是，就在此时，清廷和袁世凯于 11 月 7 日凌晨，派人将吴禄贞刺杀于石家庄车站，东西夹击北京的计划流产。当日，张绍增被解除兵权。11 月 8 日，第二十镇七十九标的王金铭、施从云、张振甲、李滋懋、龚柏龄、戴锡九，第八十标的冯玉祥、张树声、张之江、李鸣钟、石敬亭、韩复榘、鹿钟麟等中下级军官，以及同盟会员商震、程起陆、朱霁青、郭凤山等七十多名革命分子，齐集滦州城北大觉寺，作出四项决议，决定挽留张绍增，史称“文庙会议”。张绍增权衡再三，决定离开。王金铭、施从云当即表示，即使张绍增放弃起义，他们也要革命到底。不久，蓝天蔚策动奉天独立，被属下告密，东三省总督赵尔巽将他赶走。蓝天蔚离开奉天，前往上海。滦州兵谏宣告失败。

兵谏失败后，第二十镇七十九标管带营长施从云、王金铭，第八十标管带营长冯玉祥为首的第二十镇下级官兵担负起了滦州起义的重任。

11月上旬，经张之江、石敬亭、鹿钟麟等提议，推举王金铭、施从云、冯玉祥为革命领导人。之后，他们一方面派郭凤山、何任之等人去天津与革命党人联系，一方面派人前往武汉求助。王金铭亲自去山东海阳与冯玉祥联系，相约起义。湖北军政府十分重视这次起义，派胡鄂公为全权代表指导这次起义。胡鄂公到天津联络北方革命党人，成立了京津保滦通（通州，今北京通县）石（石家庄）起义指挥处和北方革命协会，对北方革命进行统一部署，并决定首先在滦州发动起义。12月上旬，共和会会长白雅雨召开紧急会议，决定成立敢死队，以凌钺为队长。12月7日，凌钺率敢死队秘密到达滦州，与雷庄侠士李棠、坨子头塾师李忆珍结盟，建立据点。12月中旬，白雅雨、孙谏声也来到滦州。白雅雨说服了滦州警察所长张注东和知州朱佑葆，取得了他们的支持。然后，白雅雨和施从云、王金铭进行了详细谋划。12月30日，王金铭、施从云召集周文海、石敬亭、鹿钟麟、白雅雨、凌钺、孙谏声、李滋懋等，在直隶第三师范学堂开会，决定12月31日起义，预计推举第七十九标标统岳兆麟或通永镇（今唐山开平区）镇守使王怀庆为北方军政府大都督，以减少革命阻力。岳兆麟闻讯后，于31日早晨到开平向王怀庆告密。在此危难时刻，王金铭、施从云、白雅雨毫不畏惧，毅然决定按计划起义。王金铭、施从云、张建功率三营士兵按时起义，并以王金铭、施从云名义通电全国，成立北方军政府，宣告独立。1912年1月2日，王怀庆到达滦州，企图瓦解起义军。面对王怀庆的所作所为，王金铭、施从云仍然打算借助王怀庆的威望，逼他做大都督。王怀庆不得已，假意答应。3日，在前往滦州城北门宣誓就职途中，王怀庆趁人不注意逃走。王金铭、施从云毅然决定按计划建立北方军政府，推王金铭为大都督，张建功为副都督，施从云为总司令，冯玉祥为总参谋长。当天下午，王金铭、施从云准备进攻北京和天津。就在此时，张建功率部叛变，攻打王金铭、施从云所部。王金铭、施从云怕耽误时机，决定放弃滦州。当晚，两人率一营、二营官兵七八百人乘火车西进。未承想，王怀庆军陈文远部在雷庄设下埋伏，扒掉铁轨，王金铭、施从云被迫与敌交战。一阵交战后，敌军不支，突然吹号停止战斗。王金铭、施从云以为敌人要归降，便前往敌营，试图说服陈文远归降。就在此时，王怀庆、曹锟赶到，逮捕王金铭、施从云等人。1月5日，王金铭、施从云等英勇就义。白雅雨在古冶（今唐山古冶区）被抓获，于1月7日在开平就义。滦州起义发动时，冯玉祥等人被袁世凯软禁，海阳起义未能发动。

1936年，国民政府颁布《表彰令》："辛亥光复，发轫于武昌；而滦州一役，实促其成。"1937年5月，国民政府在北平为滦州起义烈士举行国葬。冯玉祥将军出资在北京海淀区修建了滦州起义纪念园。该园目前为全国重点文物保护单位。

资料出处：

赵润生、马亮宽：《直隶惊雷》，天津人民出版社，2011年版。

（二）问题思考

辛亥革命时期各地革命党人的活动及其历史意义。

（三）案例分析

滦州起义是辛亥革命时期发生在北方的、由革命党人领导的一次重要的反清武装起义。它打乱了清王朝的军事部署，有力地牵制了清王朝镇压南方革命的行动，支援了南方革命政府，加速了清王朝的灭亡。1936年，国民政府颁布《表彰令》："辛亥光复，发轫于武昌；而滦州一役，实促其成。"这个《表彰令》给予滦州起义很高的评价，足见滦州起义的重要作用。过去，我们讲授辛亥革命，往往侧重于南方各省的起义，而对北方革命党人的活动介绍很少，这是不妥的。辛亥革命是全国性的，各省革命党人都对辛亥革命作出了贡献。

滦州起义也反映了当时革命党人的一些弱点，例如：他们试图推举一个有点名望的旧官僚出来做领袖，当时就选中了七十九标标统岳兆麟和通永镇镇守使王怀庆，这一点与武昌起义推举黎元洪做都督十分相似，反映了革命党人的软弱；起义人员比较复杂，组织不够严密，甚至有人中途叛变。这些弱点，从一个侧面揭示了辛亥革命失败的原因。

（四）教学建议

介绍这个案例，可以扩大学生的知识面，加深学生对辛亥革命的认识。讲解这个案例时，教师应该讲清楚三个问题：一是要讲清楚滦州起义的重要意义，它打乱了清王朝的军事部署，有力地牵制了清王朝镇压南方革命的行动，支援了南方革命政府，加速了清王朝的灭亡。二是要讲清楚这次起义失败的原因，管中窥豹，使学生进一步认识辛亥革命失败的主观原因。三是让学生明白，辛亥革命是全国性的。当时，几乎各省都有各式各样的革命活动，有的是革命党人领导的，有的是会党领导的，有的是当地人民自发组织起来的。总之，清王朝的腐败无能和卖国行径，使它早已丧失民心，成了全国人民唾弃的对象。这是辛亥革命发生的重要原因。

【案例 3】革命志士丁开嶂

（一）案例文本

丁开嶂（1870—1945），原名作霖，字小川，河北丰润县（今唐山市丰润区）南青坨人，辛亥革命志士，滦州起义领导者之一。

丁开嶂少年时代就读于乡村私塾，20 岁左右应遵化州乡试，考中秀才，后入京师大学堂第一班攻读，毕业时获“奏奖”文科举人。后来，任河南大学海军地理教授。

甲午战争时期，丁开嶂目睹清王朝腐败无能，丧权辱国的现实，常常激愤得扼腕叹息。他把甲午战争的失败看成最大的耻辱。从那时起，他就立下了革命之志。

1904 年，沙俄与日本为争夺中国东北爆发战争，东北大好河山惨遭蹂躏。1905 年沙俄战败，在美国调停下，被迫与日本签订《朴次茅斯条约》，俄国把从中国攫取的旅顺口、大连湾和附近海面的租借权以及南满铁路（长春至旅顺段及支线）无偿转让日本。

面对俄日两国在东北厮杀，清政府竟然不顾东北人民死活，无耻地宣布局外中立，并把辽河以东划为交战区，充分暴露了它的腐败无能。

沙俄自第二次鸦片战争以来，一直侵略中国东北，强迫清王朝签订《瑷珲条约》《北京条约》，制造“江东六十四屯惨案”和“海兰泡惨案”，强占中国领土，屠杀中国人民。这些侵略行径早已引起中国人民的愤怒。1904 年，俄日两国交战之际，丁开嶂毅然出关，赴东北组建了“抗俄铁血会”。领导东北人民抗击沙俄。为避免被抓，他改名丁开山，多方奔走，号召东北人民起来抗击俄寇。他率铁血会多次与俄交战。1905 年，他又赴张家口组织“华北救命军”，要求清政府废除科举，改良政治，速行宪政。1906 年，他加入同盟会，改“华北救命军”为“革命铁血会”。

1907年，为进一步壮大革命组织，广泛发动群众，丁开嶂又以提倡摆斋，戒烟戒酒为名，在黑龙江、吉林、辽宁、绥远、热河、察哈尔、内蒙古、外蒙古、河北、山西等地发展革命铁血会组织。同时，在家乡成立北振武社，作为革命组织机关。北振武社成立后，丁开嶂向北方各地发布了《北振武社启》的文告，号召强国强民，抵御外侮。文告发出以后，他领导革命党人积极活动，图谋大业。

1911年4月，孙中山、黄兴等领导的广州起义失败后，丁开嶂意识到北方革命的紧迫感，积极奔走于北京、天津、保定等地，与北方会党首领刘汝贤、马德润、刘星楠、陈之骥等策划起义，得到广泛支持。

5月，他又与秦宗周、黄际隆、丁东弟、王丕显策划，乘清军秋操，京城空虚之际，在北京发动起义，并制定了由铁血会京东支部首先发难，关东、边外、京北三个支部增援，联合占领北京的计划。

清军秋操本来是定在1911年10月10日举行，铁血会也做好了起义准备。不料武昌起义爆发，清朝紧急停止秋操，清军返回京师，城内四处戒严。铁血会的部署完全被打乱，准备了几个月的京畿起义，就这样随着武昌起义的爆发化为泡影。但是，丁开嶂仍然做最后的努力。10月12日，他任命丁东弟为铁血会先锋，自己奔走于东北和北京、天津、通州（今北京通县）、张家口之间，通知各部军进一步加强各方面的工作，准备再次起义。

10月19日夜，湖北军政府督都黎元洪派往北方主持革命的代表胡鄂公到丁开嶂家，与丁开嶂、孙谏声、冯云峰、李兰廷、陈熙泰等各路革命领导人商议，谋划滦州暴动。丁开嶂接受了分批集中铁血会各地有枪成员到滦州、天津，准备参加滦州暴动的主张。不久，丁开嶂带枪赶到天津，在天津法租界小白楼设立铁血军军部，任军长。他召集铁血会领导人开会，把铁血会分为四部军：永（平）、遵（化）、通、蓟（蓟州，今天津蓟县）共4万人，为京东部军；张家口、古北口内外5000人，为京北部军；朝阳（今辽宁朝阳市）、热河万余人，为边外部军；锦（州）、广（广宁，今辽宁北镇市）、义（义州，今辽宁义县）、宁（宁远州，今辽宁兴城县）及营口5万人，为关东部军。同时，他还着手筹划滦州暴动的具体方案和军火购置等工作。铁血会首领丁东弟、冯云峰、李兰廷、陈熙泰等穿梭于滦州、天津及各部军之间，办理铁血会成员分批集中于滦州和其他各地的暴动准备工作。

12月29日，丁开嶂在滦州与担任暴动指挥的新军第二十镇七十九标一营营长王金铭、二营营长施从云、三营营长张建功多次谋划之后，带着王、施、张三位营长给北方各革命团体的快电来到滦州，要求各革命团体领导人立即前往滦州，组织滦州军政府。其他一些革命组织的领袖白毓昆、熊朝霖、陈涛等也应邀分批赶往滦州。

1912年1月2日，滦州驻军宣布独立，推王金铭为滦州军政府都督，张建功为副都督，施从云为滦军总司令，冯玉祥为总参谋长。这时，滦州驻军绝大部分为铁血会成员。丁开嶂又派铁血会永遵部部长孙鼎臣，炸弹队队长李辅廷、副队长胡珍率领各地聚于滦州的铁血会成员入城，共同防守滦州。

1912年1月5日，清淮军通永镇（今唐山开平区）总兵王怀庆指挥淮军沿铁路两侧夹击滦州革命军。滦州革命军前敌指挥陈涛利用有利地势顽强阻击清军。为拿下滦州，王怀庆率铁甲火车赶来增援清军。陈涛命令滦军炮兵开炮轰击，滦军城防卫戍司令刘汉柏率别动队策应。淮军被打得溃不成军，死伤遍地，落荒而逃。

1912年1月8日拂晓，王怀庆淮军与新军第三镇统制曹锟合力向滦州发动大举进攻。滦军内部第二十镇七十九标标统岳兆麟、第三营营长张建功临阵叛变，致使滦州革命军腹背受敌，不得已乘火车西进。刚到雷庄附近，就中了王怀庆淮军的埋伏，铁轨被扒，火车出轨倾覆。隐蔽在此的王怀庆部迅速发起进攻。都督王金铭，总司令施从云，参谋陈洪庆、孙鼎臣等指挥滦军奋力苦战，王怀庆军力不能支，吹号停战，假装投降。王金铭、施从云不知是计，他们见敌军要归降，便赴敌营谈判。结果，二人被王怀庆、曹锟所俘，英勇就义。

丁开嶂接到王金铭、施从云在雷庄被伏的消息后，率马队50多骑前往营救。走到雷庄西北时，他不顾阴雨天黑，立刻与敌兵展开血战。他正面攻击，属下丁竹钦、王丕显从左右两翼进攻。时间不长，敌军撤退。丁开嶂率军追击，敌人则以猛烈炮火轰击。丁开嶂见无法取胜，又不见王金铭、施从云所部滦军，只好撤回。

王怀庆、曹锟袭击滦州城时，铁血会永、遵支部副部长唐自起与部将刘骏率部下300人，打算冲入滦州南门增援。赶到城下时，见滦军败退下来，只好率队向南撤去。淮军追到杨各庄，唐自起与部下刘骏回头截击，淮军大败，死伤50多人，狼狈而逃。

这次暴动，丁开嶂率领的铁血会付出了极大的代价。

在滦州暴动的同时，铁血会还进行了张家口起义。1911年12月24日，铁血会京北部军司令秦宗周与部将马壮、芦占魁各领一支军，会合了山西民军，计划在阳高、天镇、大同举行起义。马壮、芦占魁部下与山西民军同驻山西境内，秦宗周率军驻于张家口内，防止清兵北出。不料，12月26日，山西民军高志清等由天津向张家口押运军火时，被清兵捕获，敌人通过严刑逼供，获得了起义人员名单。察哈尔都统黄懋澄，知道不能强行抓捕，便假意请秦宗周及部将李鸿恩、尹德威来都统衙门议事，然后逮捕。1912年1月7日，秦宗周、李鸿恩、尹德威与民军首领共6人，被黄懋澄腰斩。

1月11日，通州铁血会先锋丁东弟、铁血会张家湾分会长王治增，召集铁血会成员王丕谟、王丕显、王丕承、王斌、杨兆林、蔡德辰、张文炳、雷茂林（北通州武卫左军军药局军官）等在张家湾王治增家开会，决定于17日举行通州起义，然后与在滦州新军中的革命党人张树声、李滋懋、李子峰等合兵进攻北京。但因有人向清军告密，15日夜间，王治增、王丕承、杨兆林、张文炳、雷茂林、蔡德辰、王斌等7人同时被捕，英勇就义。

1月29日夜，丁开嶂和铁血会成员同北方一些革命团体又在天津起义，因号炮鸣放时间提前，导致起义失败。此后，铁血会成员又分别在沈阳和河北遵化相继起义，均在清政府残酷镇压下失败。褚炳坤、潘竟物、王安国等铁血会会员英勇献身。

铁血会成员在各地起义中屡屡遭遇失败，革命同仁成批地惨遭杀害，铁血会成员异常悲愤。铁血会唐山支部黄际隆建议成立炸弹队，炸死王怀庆，使淮军大乱，然后调边外部军由冷口、喜峰口入关，占领开平，这样，不仅能报仇雪恨，还能攻破北京、天津、通州等地。他的主意得到了丁开嶂及众人的赞同，唐自起、王文冷、庞希德、王丕谟、丁东弟等都踊跃加入炸弹队。他们分路前往开平，各自按计划行事。不料，敌探王彬混入铁血会，侦知了刺杀计划，当日报告王怀庆。唐自起、庞希德在开平车站刚下车，就被王怀庆抓获。王文冷怀揣炸弹二枚、手枪一支、尖刀一把，拼命闯入开平总兵衙门行刺，也遭逮捕。王怀庆于是派马队四处捉拿铁血会首领，悬万元巨赏捉拿丁开嶂。清军马队包围了丁开嶂家，恰巧丁开嶂不在家中。于是，他们大肆抢掠，在外院墙上大书“剿拿革命党”五字之后离去。接着，马队来到大官沽堼，黄际隆被捕。王怀庆为了镇压革命，威胁丁开嶂及家属，让押着黄际隆的囚车从南青坨南街经过。人们看见黄际隆双手钉在大车厢上，镇静自若。2月1日，黄际隆、庞希德、唐自起、王文冷等人一起被王怀庆杀害于开平，并悬首示众多日。黄际隆的尸体运回时，仍从南青坨南街经过，以再次恫吓丁开嶂及家人。

然而，失败、牺牲及王怀庆的大肆捕杀，并没有把丁开嶂及铁血会吓倒。他们继续到处活动，扩大组织，加入铁血会的人员一时大增。他们发誓与清廷不共戴天。丁开嶂召集四部军将领，在天津举行军事会议。会议决定，由各部军精选壮士3000人，潜入北京，在过年除夕半夜时分，分路攻击清廷各衙门。四部军各由所在地方树旗，宣告独立，并且包围北京，援助城内起义同志。同时，严明军纪，不得扰民，以示正义之师秋毫无犯。南北铁血军将士一致推举丁开嶂为中华民国军政府北部军临时大元帅。

2月12日，改组铁血军部为军政府，推举葛熙荣为参谋部长，郭凤山为军务部长，孙阳萌为交涉部长，王丕谟为文牍部长，巴绍成为军需部长，张雨农为财政部长，刘枢坦为执法部长，丁东弟为招待部长，杜海寮为联络部长，王寰为调查部长，朱恪瑗为侦察部长，张杰三为暗杀部长。并推举张铸堂为京东方面军总司令、佟明礼为副司令。该军于除夕夜，由唐山、蓟州、山海关等地树旗；推举姜锡训为关东方面军总司令，刘连升为副司令。该军于除夕夜，由锦州、营口、新民府等地树旗；推举陈玉甲为京北方面军总司令，董作新为副司令。该军于除夕夜，由张家口、古北口树旗；推举杜春岭为关外方面军总司令，韩自佐为副司令。该军于除夕夜，由朝阳、热河及直奉交界处清河门等地树旗。京北方面军副总司令董作新未到职，暂时由陈玉甲兼任。丁开嶂撰写《讨清檄文》，传于东北各地。

清民政部尚书赵秉钧，探知铁血会势力，东到辽河，西达晋北，南临渤海，北至朝阳，全军约10万人，并将在旧历除夕各地举事的情况，立即报告给袁世凯。袁害怕起义成功后自己当不成总统，就于2月12日强迫宣统退位。于是，铁血会不得不放弃全军起义的计划。

2月16日，丁开嶂与铁血会各首领聚会。大家一致表示，现在共和虽然实现了，但大权落入了杀我无数北方革命同志的刽子手袁世凯手中。于是大家立誓：袁世凯若敢帝制妄为，试图改变国体，我们无论何时何地，都要起兵讨伐。会后，丁开嶂发款遣散200多铁血会会员回家。大家悼念完死难的同志后，挥泪告别。

从此，历时18年的“铁血会”宣告解散。丁开嶂及其领导的铁血会在我国近代史上留下了可歌可泣的一页。

资料出处：

1. 赵润生、马亮宽：《直隶惊雷》，天津人民出版社，2011年版。

2. 丁开嶂：《辛亥革命时期的铁血会》，《近代史资料》，1955年第2期。

（二）问题思考

1. 辛亥革命爆发的历史背景是什么？

2. 我们应该怎样学习丁开嶂的革命精神？

（三）案例分析

丁开嶂是北方铁血会的建立者和领导者，是北方革命力量的骨干。他几乎参加了当时北方所有重要的革命活动。了解丁开嶂的革命事迹，有助于我们了解当时北方的资产阶级革命运动。作为京师大学堂的毕业生，当他看到沙俄的侵略罪行和清王朝的腐败无能时，毅然放弃安逸舒适的生活，奔赴东北，组织“抗俄铁血会”，抗击沙俄侵略。后来加入同盟会，回到关内从事革命活动，发展、扩大铁血会组织，并领导和参与了滦州起义、张家口起义、天津起义、遵化起义等。丁开嶂把自己的青春献给了中国的民主革命事业。为实现共和，他将生死置之度外，多次领导武装起义。这些起义虽然失败，但却表现了丁开嶂不屈不挠的革命精神。正是由于有无数个像丁开嶂这样的革命志士，资产阶级革命派才推翻了清王朝，建立了共和制度。

（四）教学建议

在讲述资产阶级革命派推翻帝制成功的原因时，教师可以把这个案例介绍给学生。讲解案例时，要让学生认识到帝国主义侵略的加深和民族矛盾的激化以及清王朝的腐败无能是导致辛亥革命发生的原因。同时，教师要以丁开嶂的革命事迹对学生进行爱国主义教育，培养学生为国家、民族的富强而奋斗的精神。

过去，我们在讲辛亥革命时，侧重于南方，而对北方的革命情况几乎不做介绍，这是不全面的。为使学生更好地了解辛亥革命，教师应该把这个案例介绍给学生。

第四章　开天辟地的大事变

一、教材分析

（一）教学目的

1. 了解中国共产党成立的过程，明确中国共产党的成立对中国革命和中国命运的伟大意义。

2. 了解中国共产党领导的早期工农运动、第一次国共合作的历史意义，明确中国共产党能够根据形势的变化，制定正确的革命纲领，把马克思主义的基本原理同中国革命的具体实践相结合，为中国革命指明正确的方向和道路。

（二）教学重点难点

【教学重点】

1. 新文化运动和五四运动的历史意义。

2. 中国共产党的创建及其历史特点。

3. 国共合作的政治基础，国民革命的教训及意义 。

【教学难点】

1. 五四运动是新民主主义革命的开端。

2. 国民革命失败的主要原因。

（三）基本知识结构

第四章《开天辟地的大事变》知识点层级关系		
一级知识点	二级知识点	三级知识点
开天辟地的大事变	新文化运动和五四运动	新文化运动与思想解放的潮流
		十月革命与马克思主义在中国的传播
		五四运动：新民主主义革命的开端
	马克思主义进一步传播与中国共产党诞生	马克思主义与中国工人运动的结合
		中国共产党的创建及其意义
	中国革命的新局面	制定革命纲领，发动工农运动
		实行国共合作，掀起大革命高潮

二、典型案例

【案例 1】1920 年五一运动——共产主义知识分子与中国工人运动交汇的结点

（一）案例文本

引　言

中国工人“认今年的‘五一’纪念日作一个觉醒的日期”；五一运动应该是真正的“劳工阶级的运动”，不应该“只是三五文人的运动”，应该是“街市上的群众运动”，不应该只是“纸面上的笔墨运动”。中国的知识分子不要空喊“劳工神圣”，而要实际地到劳工中去干发动群众的工作。

——《“五一”May Day 运动史》，李大钊，1920 年，（第 7 卷，第 6 号）

要想把现代的新文明，从根底输到社会里面，非把知识阶级与劳工阶级打成一气不可。

——《李大钊选集》，北京：人民出版社，1959 年

第一个五一国际劳动节的呼声

1890 年 5 月 1 日，70 岁高龄的伟大无产阶级革命导师恩格斯为《共产党宣言》德文修订第四版写了序言。在序言的结尾，他兴奋地说："'全世界无产者，联合起来！'——当 42 年前，我们向世界上发出这个号召时，响应者还是寥寥无几。可是，今天我写这个序言的时候，欧美两洲无产阶级正在检阅自己的力量，他们第一次在一个旗帜下动员成为一个军队，以求达到一个最近的目的，今天的情景定会使全世界资本家和地主们知道：全世界的无产者现在真正已经联合起来了。"

恩格斯写下这段激动人心话语的背景，就是国际无产阶级于当日举行了声势浩大的五一国际劳动节纪念活动。他笔下的"军队"即是指欧美工业城市里正在进行罢工、示威或集会演说的工人阶级。无产阶级革命终于和轰轰烈烈跨越国界的大规模工人运动结合在一起，无产阶级政党终于和自己的"军队"结合在一起，广泛而普遍的工人阶级成为其坚强的后盾。

毋庸置疑，国际五一劳动节成为无产阶级革命运动的转折点。因为这样一个全世界共同的劳动者日，无产者被紧密联系在一起，无产阶级日臻成熟，无产阶级运动高潮迭起，在更大范围内催生了更多的无产阶级革命政党。

中国第一次五一运动：1920 年

1920 年 5 月 1 日，作为中国历史上第一个"五一"劳动节，当天有 10 多个城市举行了纪念国际劳动节的活动，参加的工人总计五六万。他们第一次喊出"五一万岁""劳工万岁""共产主义万岁"的口号。其中北京、唐山、长辛店、上海、湖北等地的活动是在中国最早的共产主义知识分子领导下进行的。

1. 北京第一次五一运动

李大钊亲自领导了北京地区第一次纪念五一国际劳动节的群众活动。他所在的北京大学是1920年中国北方“五一”纪念活动的中心。北大学生5月1日举行罢课。上午9时，校工和学生500多人在北京大学二院礼堂召开纪念会。李大钊在大会上讲话。会上散发了传单，号召人们“把全世界人人纪念的‘五一’节当作我们一盏引路的明灯”。这些传单“同时还寄往南口、石家庄、唐山等处工厂散发”。同一天上午，得到李大钊帮助在北京大学旁听的“工读互助团”的何孟雄等8人，雇了两辆汽车，分头到东城西城散发《五月一日北京劳工宣言》的传单。他们沿途高呼“劳工万岁”等战斗口号，宣传车前悬着“五一万岁”“劳工神圣”等鲜红的横幅，“车后还竖着面表现革命精神的赤旗”，十分引人注目，在全市产生了很大的政治影响。同日，李大钊指导下的北京大学“平民教育演讲团”50人，分成5个组，于上午10时从学校出发，沿街进行讲演。他们分别宣讲了《五一历史》《我们为什么要纪念五一劳动节》《劳动纪念日与中国劳动界》等。

李大钊安排北大学生、“马克思学说研究会”骨干邓中夏等进步知识分子到长辛店和唐山的铁路工人中间开展工作，同史文彬、邓培等进步工人建立了联系。5月1日，邓中夏赶到长辛店，向1000多名铁路工人作了演讲，散发了《五月一日北京劳工宣言》，受到热烈的欢迎，集会的工人群众举行了示威游行。京奉铁路唐山制造厂工人、中国北方最早的工运领袖邓培在“五一”前的星期六晚上，乘火车到北京，接受了李大钊对“五一”活动的指示，将一批《五月一日北京劳工宣言》带回唐山，在工厂里召开了有几百名工人参加的纪念会。这是长辛店和唐山的工人阶级第一次纪念五一国际劳动节。

2. 上海第一次五一运动

在陈独秀等人的指导下，上海工人阶级第一次举行大规模的群众集会，纪念五一国际劳动节。4月28日，船务栈房工界联合会、电器工界联合会、中华工会总会、中华工业协会、中华全国工界联合会、中华工界志成会、药业友谊联合会等七团体，联合发出《工界“五一”纪念宣言》，强调：“我们上海工人，今年举行破天荒的五一运动。因为五月一日，是世界各国工人得着八点钟工作制幸福的日子。我们纪念它的意思：第一是感谢各国工人的努力；第二是唤起中国工人的觉悟。”

3. 其他大中城市的五一运动

1920年，广州五一国际劳动节纪念活动的规模也是空前的，与会者1000余人，晚上举行提灯会，沿街巡游者达5万余人。汕头、漳州、九江、武汉、香港等近十个大中城市，也都出现了群众性的五一国际劳动节纪念活动。汕头于当晚举行提灯游行，参加游行的工人、学生达3000余人。

五一国际劳动节纪念活动就这样在我国产生了广泛的巨大的社会影响，形成群众性全国性的运动，中国有了真正意义的五一运动。并且，从一开始中国五一运动便具有鲜明的政治色彩，不是纯粹的经济运动。

资料出处：

刘功成：《中国工人运动史研究30年文选》，辽宁人民出版社，2011年版。

（二）问题思考

1. 如何理解中国共产党是工人阶级的先锋队？

2. 共产主义知识分子在工人运动中起了什么作用？

3. 工人运动对于共产主义的传播和发展有什么作用？

（三）案例分析

中国共产党的形成和发展与五一国际劳动节密切相关。五一国际劳动节成为中国共产党与作为无产阶级代表的工人运动紧密结合的催化剂。经过 1920 年五一国际劳动节的洗礼，中国共产主义小组得以成立，中国工人阶级更加成熟团结。

1. 共产主义知识分子在五一劳动节工人运动中的宣传工作

从 1919 至 1924 年，李大钊每年都撰写纪念五一国际劳动节的文章。1919 年 5 月 1 日，五四运动前夕，李大钊帮助北京《晨报》副刊出版了《劳动节纪念号》，并发表《“五一节”May Day 杂感》一文（署名“守常”）。李大钊在文章中指出：5 月 1 日是工人“直接行动”取得成功的日子，是“工人的祝典日”。他从纪念五一国际劳动节，谈到一百年前诞生的马克思，谈到“一九一八年诞生的世界新潮”，对于无产阶级革命的前途充满了必胜的信心。这篇《杂感》成为中国工人阶级在五四运动中第一次作为独立的政治力量登上历史舞台的号角。

1920 年，李大钊在《新青年》出版《劳动节纪念专号》（七卷六号）上发表了《“五一”May Day 运动史》一文。文章系统地介绍了五一国际劳动节的来历，和多年来各国工人阶级“在这个日子”里进行的英勇斗争，热情讴歌了为工人阶级解放事业献身的英雄们。这篇文章产生了巨大的社会反响，受到了广泛的欢迎。各地一些有政治影响的刊物，如上海的《星期评论》和《东方杂志》，南京的《少年世界》等，都全文转载。在五一纪念活动中印发的传单也都是李大钊亲自写成的，号召人们“把全世界人人纪念的‘五一’节当作我们一盏引路的明灯”，“本着劳工神圣的信条跟着这个明灯向光明的地方去”。

1920 年 5 月 1 日出版的《新青年》七卷六号（《劳动节纪念号》），篇幅比平时各期扩大一倍以上。这一期的《劳动节纪念号》上，除李大钊写的《“五一”May Day运动史》之外，发表了蔡元培“劳工神圣”的题词、孙中山“天下为公”的题词、陈独秀的《上海厚生纱厂湖南女工问题》等文章。并且登载了《旅法华工工会简章》，全文译载了《俄罗斯苏维埃联邦共和国劳动法典》，表现了不劳动者不得食和人人都有工作权的社会主义原则，以及社会主义国家对工人利益的保障。这一期刊物的另一个主要内容，也是它的最大特点，是以大量的篇幅记载了全国各地工人的生活和斗争的情况，仅这一部分便占全部篇幅的一半，超过平时的一期。这些材料包括南京、北京、上海、天津、无锡、唐山等工业城市的产业工人状况，并附有相当多的统计材料。比如北京大学学生高君宇应陈独秀之约，将调查所得整理成《山西劳动状况》一文，详细报道了太原、大同的工人阶级的状况。陈独秀的朋友高语罕也写了《芜湖劳动状况》，供注重改造社会的人参考。长沙的材料，不仅调查了工人，也调查了郊区的农民。这是一批很有历史价值的材料，虽然还没有马克思主义的分析，但足以使人们正视资本主义的罪恶。这些调查研究本身，也反映出当时革命知识分子到工人中去的初步成绩。这一期刊物还刊登了12位工人的题词和32幅工人生活图片。这期《劳动节纪念号》总体而言更贴近工人生活，也深入宣传了社会主义，对促进工人意识觉醒，推动五一纪念活动发展起到了很好的辅助作用。

除了北京《晨报》《新青年》外，各地报刊，如《北京大学学生周刊》、天津的《大公报》、上海的《时报》《星期评论》等，都出版了五一国际劳动节纪念专号。上海的《新妇女》，苏州的《妇女评论》等，也发表了纪念五一节的文章。

2. 共产主义知识分子在五一劳动节工人运动中的组织工作

李大钊在《五一May Day运动史》写道：五一运动应该是真正的“劳动阶级的运动”，不应该“只是三五文人的运动”，应该是“街市上的群众运动”，不应该只是“纸面上的笔墨运动”。李大钊是这么宣传的，也是以身作则这么做的，他亲自走上街头发传单做宣讲。李大钊还号召：中国的知识分子不要空喊“劳工神圣”，而要实际地到劳工中去干发动群众的工作。李大钊特意指派他的学生邓中夏等人到唐山、长辛店深入到工厂工人内部做工作，与工人打成一片，为确保唐山、长辛店工人五一纪念活动的成功做了很好的铺垫。

1920 年，在李大钊的指导下，中国五一运动大大推动了马列主义与工人运动相结合、知识分子与工人群众相结合的进程。五一国际劳动节之后，北京的一批革命知识分子按照李大钊的指示，不顾反动派的阻拦和迫害，投身到工人群众中去进行革命活动，同年 10 月便建立起北京共产主义小组。是年五一运动的领导者李大钊及邓中夏、罗章龙、何孟雄、张国焘等，都是这个小组最早的成员。

1920 年上海的五一纪念活动遭到北洋军阀镇压，不算圆满成功。但以陈独秀为代表的知识分子也做了很多筹备组织工作。陈独秀主张将五一国际劳动节纪念会命名为“世界劳动纪念大会”，用上海各工会名义发起，选出工会代表筹备进行。陈独秀本人被选为“世界劳动纪念大会筹备会”顾问。在纪念会上工人提出“三八制”要求，会后发表上海工人宣言。上海第一次五一运动对扩大马克思主义的影响和中国共产党的建立起到积极的作用。经过这次运动的洗礼，上海中国共产党早期组织于 1920 年 8 月正式成立，陈独秀被推选为党的书记。

3. 小结

在李大钊、陈独秀的带动和指导下，各地进步知识分子、革命分子都着重抓马克思主义的宣传和工人运动的开展，并在斗争中使二者逐步结合起来。各种工人工会、各地共产党早期组织纷纷建立。陈独秀明确工人阶级的奋斗目标是实现共产主义，工人阶级必须组织起来，为大规模的斗争做准备，将来推翻反动阶级的政权，建立无产阶级专政。

在 1920 年以前，中国工人阶级有过多次运动。1895—1918 年的 23 年间，全国罢工斗争达上百次，其中规模较大的还发展成武装起义。但是这个时期的工人罢工斗争出于自发的、分散的、孤立的原始状态，还没有形成一支独立的社会力量。经过五四运动之后的中国工人阶级，已经以自己的阶级意志和自觉行动，成为一支觉悟了的、独立的政治力量登上历史舞台，具有初步共产主义思想的知识分子也开始重视工人的力量，自觉地走上了与工农群众相结合的道路。随后在 1920 年五一劳动节规模宏大的纪念活动中，共产主义知识分子的宣传、组织与工人阶级的行动发挥了巨大的效力。工人阶级更加成熟、方向明确，开始迫切需要马克思主义武装自己。这就为中国工人与共产主义知识分子的结合、为中国工人运动同马克思列宁主义的结合奠定了阶级基础。共产主义知识武装了中国工人的大脑，而中国工人充实了共产主义知识分子的身体。强强联合，促生了 1921 年 7 月以工人为阶级基础的中国共产党。

（四）教学建议

通过对中国五一国际劳动节历史的挖掘以及中国工人运动史资料的讲述和补充，帮助学生理解中国共产党为什么被称为工人阶级先锋队，中国共产党与工人阶级的紧密结合是什么时候开始的，马克思主义思想、共产主义信念是如何传到工人阶级中去的等问题。教学过程中可以辅助阅读 1920 年纪念五一劳动节的经典文献资料，也可以阅读现今纪念五一劳动节的文献资料。

【案例2】白话文运动与《新青年》之“新”

（一）案例文本

1915年9月创办的《新青年》开启了旨在从根本上改造国民性的新文化运动，陈独秀在《青年杂志》的发刊词中写道：“盖改造青年之思想，辅导青年之休养，为本志之天职。批评时政，非其旨也。”这场运动，影响了一代甚至几代青年。论及对当代的影响，莫有能超之者。他们喊出了民主和科学的口号，振聋发聩。他们竖起了反对旧道德提倡新道德，反对旧文学提倡新文学的两面大旗，革故鼎新。其中作为文学革命的白话文运动，成绩斐然，影响深远。时至今日，国人所读所写所思所想，皆受其影响。《新青年》卷起的文化思潮冲击了近代中国社会的封建残壳，营造了开放的社会氛围，从形式到内容，都让人耳目一新。其带来的“新”从知识分子扩展到普通民众，从初衷所限的青年推广到新培养的少年，并与中国近代的革命斗争紧密结合在一起。

亚美利加

陈独秀

爱吾土兮自由乡，祖宗之所埋骨，先民之所夸张，颂声作兮邦家光。群山之隈相低昂，自由之歌声抑扬。

吁嗟汝兮吾宗国，自由名族之所宅，汝之名兮余所怿。清浅兮川流，嵯峨兮岩石，森林兮莽苍，丘陵兮耸立。余悦汝兮心震摇，欢乐极兮登天国。

箫管作兮交远风，飞声振响群林中。自由之歌乐其雍，众口相和声融融。含生负气皆从同，巉岩破寂声宏通。

尊吾神兮自吾祖，自由创造汝之矩。吾曹讴歌实唯汝，万岁千秋德惠溥。自由灵光耀吾仗汝力兮佑吾侣。

（《新青年》第1卷2号1915年9月）

1915年9月陈独秀在《青年杂志》第1卷第2号用古体诗翻译了一首美国国家赞歌《亚美利加》。此诗采用离骚体，形式古朴，庄重典雅，意味深远，是一篇标准古诗体译文。1915年创刊的《青年杂志》不止这一篇外文诗翻译采用的文言文，整卷文章通用文言文。文言文在1918年之前一直是社会的主流。白话文虽然存在，但是仅存于民间话本、口头，难登大雅之堂，基本不应用于公开发表的刊物和官方文件。

两个黄蝴蝶

胡适

两个黄蝴蝶，双双飞上天。
不知为什么，一个忽飞还。
剩下那一个，孤单怪可怜。
也无心上天，天上太孤单。

（《新青年》第2卷6号1917年2月）

1917年2月，胡适在《新青年》第2卷第6号发表《白话诗八首》。那篇著名的白话诗《两个黄蝴蝶》位列其首，被称为中国白话诗的开山之作。胡适写的这八首诗大都是按古体诗押了韵却又去了平仄规矩的白话诗，简单直白，用词都是口头语。

月　夜

沈尹默

霜风呼呼的吹着，

月光明明的照着。

我和一株顶高的树并排立着，

却没有靠着。

（《新青年》第 4 卷第 1 号 1918 年 1 月）

丁巳除夕

刘半农

除夕是寻常事，做诗为什么？

不当它除夕，当作平常日子过。

这天我在绍兴县馆里，馆里大树颇多。

风来树动，声如大海生波。

静听风声，把长夜消磨。

主人周氏兄弟，与我谈天：

欲招缪撒，欲造“蒲鞭”。

说今年已尽，这等事，待来年。

夜已深，辞别进城。

满街车马纷扰，

远远近近，多爆竹声。

此时谁最闲适？

地上只一个我，天上三五寒星。

（《新青年》4 卷 3 号 1918 年）

胡适是白话文的发起人和大力倡导者，白话文能够形成一种潮流和运动，又不止他一人之力，也得益于同期陈独秀、钱玄同、沈尹默、刘半农等人的鼎力支持。1916 年 10 月胡适在《新青年》杂志上发表《寄陈独秀》的信，提出“文学革命”以及具体的写作要点“八事”：“一曰不用典；二曰不用陈套（滥调）；三曰不讲对仗（文废骈，诗废律）；四曰不避俗字俗语（白话可入诗）；五曰须讲求文法之结构；六曰不作无病之呻吟；七曰不模仿古人话语、须有个我在；八曰须言之有物”。1917 年 1 月，他发表《文学改良刍议》，重申“八事”。他同时声明，要以白话文学为“正宗”，取旧文学而代之。1918 年他发表《建设的文学革命论》，提出“国语的文学，文学的国语”。《新青年》的主编陈独秀积极响应，发表《文学革命论》，提出三大目标：推倒雕琢的阿谀的贵族文学，建设平易的抒情的国民文学；推倒陈腐的铺张的古典文学，建设新鲜的立诚的写实文学；推倒迂晦的艰涩的山林文学，建设明了的通俗的社会文学。

从 1918 年 1 月第 4 卷第 1 号开始，《新青年》全刊采用白话文，并且采用新式的标点符号排版，在稿件的采用上，选择了一些新诗，专门开辟了白话新诗的园地。《新青年》自 1917 年第 2 卷第 6 号发表胡适的《白话诗八首》，至 1922 年第 9 卷第 6 号，几乎每期都刊发白话诗，是白话诗最重要的试验场地。据统计，从 1917 年的第 2 卷第 6 号到 1919 年 5 月的第 5 卷第 5 号，刊登的新诗共有 83 首之多，此外还有 30 多首外国诗歌的译稿。1918 年 5 月作为新文学开山之作的白话小说《狂人日记》刊登在《新青年》第 4 卷第 5 号上，随后，鲁迅又陆续发表《孔乙己》《药》等白话小说。受《新青年》影响，《新潮》《每周评论》等刊物也纷纷发表白话文写作的新诗、小说和散文等。白话文遍地开花，以燎原之势迅速在全国范围展开。

资料出处：

1. 引半农：《丁已除夕》，《新青年》4 卷 3 号，1918 年 3 月 15 日。

2. 周有光：《白话文运动 80 年》，《群言》，1998 年 8 月 7 日。

（二）问题思考

1. 白话文运动在近代中国新思想新文化传播过程中发挥了什么作用？

2.《新青年》的“新”体现在什么地方？

3. 在近代中国，白话文替代文言文有没有必要？

（三）案例分析

从《亚美利加》到《两个黄蝴蝶》，从《两个黄蝴蝶》到《狂人日记》，从创刊通篇文言文到全刊改做白话文，短短三年间在《新青年》呈现文体形式变化的背后是一股不可抑制的潮流，即影响至今的白话文运动。以白话文为依托传播新思想，是《新青年》与同期杂志相比较所具备的新意与亮点，是其“新”之所在。《新青年》初创以探讨青年的“修身治国之道”为旨归，大量刊登评介西方文化的文章和外国文学译作。而真正成名则在于坚定倡导新文化，向传统的旧道德、旧文化发动猛烈进攻。在 1916 年至 1918 年期间，《新青年》先是“打倒孔家店”，接着发动文学革命，开展东西方文化论战，以及批判“灵学”迷信等，向传统文化与封建思想发起猛烈进攻，引发强烈的社会反响，成为青年思想启蒙的重镇。

1. 白话文运动提供了反封建、批判传统的有力工具

白话文运动是新文化运动“反对旧文学，提倡新文学”的“文学革命”的重要组成部分。“文学革命”包括三个方面：一是形式改革，从“文言”到“白话”的文体改革。二是内容改革，即题材改革，文学“要言之有物，不作无病呻吟”，要写人民群众的现实生活，反对通篇“帝王

将相、才子佳人”。三是观点改革，“反对专制，要求民主”，“反对三纲五常，要求自由平等”。它的特点也可以简要概括为文体是白话的，内容是新颖的，思想是革命的。从形式到内容，白话文运动都具有鲜明的反封建性。

白话文取代文言文，实质上意味着对宗法社会等级观念和正统文化的否定，意味着价值立场和价值取向的根本改变。文言与白话的对立，实际上标志着上智与下愚、贵族与平民、治人者与治于人者的社会分野和等级界限。白话文运动的目标是否定知识分子所垄断的文言，把口语白话用作书面语言、文学语言，消除书面语言与口头语言的对立，把二者统一到口语白话上来，而这也就意味着打破上智与下愚的等级界限。以白话文取代文言文，是五四启蒙者清除封建腐朽思想的重要途径。在传统社会，由于文言文和白话文操作者的社会分野和应用领域的森严界限，流行于上层社会的封建正统思想的精致理论，主要储存于文言文中。废除文言文也就意味着废除旧思想的储存器，腐朽思想失去藏身之所。

2. 白话文运动对启蒙运动具有直接的意义

陈独秀在《文学革命论》一文中明确指出，中国政治革命之所以屡屡不能成功，关键在于，“盘踞吾人精神界根深蒂固之伦理道德文学艺术诸端，莫不黑幕层张，垢污深积”。可见，伦理道德与文学艺术被视为阻碍革命的两大精神界积垢。新文化运动的先驱们，已经认识到文学革命与思想革命、社会革命密切相关。作为文学革命主要内容的白话文运动是发动思想启蒙、发起社会革命的基础条件，是开启民智的工具。

新文化运动主张输入文明，以 1919 年五四运动为界，前期的新文化运动以介绍西方近代思想文化为主，后期的新文化运动以宣传俄国十月革命和马克思主义思想文化为主。无论是五四前还是五四后的新文化运动，白话文都是新思想的传播工具。许多知识分子认识到，只有把白话作为书面语言，才能通过报纸杂志直接把新思想传播到社会各阶层，把启蒙运动推广到广大民众中去。《新青年》从 1918 年开始全部改用白话，陈独秀、李大钊又创办白话刊物《每周评论》，受启蒙运动影响的北大青年也创办了白话刊物《新潮》。仅 1919 年就新办了四百多种白话报刊。1920 年，北京政府教育部颁布法令，规定从当年秋季起，国民小学的国文教科书不再使用文言，改用白话国语。以白话文为依托的“改造国民性”伟大工程深入民间，在最大范围内开展塑造新国民。在 20 世纪二三十年代，政府文件也受到白话文的影响。如作为一国尊严体现的国歌，1920 年北洋军阀政府采用《尚书大传•虞夏传》中的《卿云歌》作为官方国歌，其歌词为“卿云灿兮，缦缦兮，日月光华，旦复旦兮”。而 1926 年国民党领导的南方革命政府将《国民革命歌》作为临时国歌，歌词是传颂深广、百姓熟知的“打倒列强，除军阀；努力国民革命，齐奋斗”。简明易懂的白话推动了革命思想在全国各地域各阶层民众中的传播。

（四）教学建议

在中国近代史上，附属于新文化运动的白话文运动既是一场文字革命，又是一场文学革命，还是一场思想革命。其价值巨大，影响深远。教学过程中可以直接引用《新青年》的文章和诗词，让学生感受那场文化巨变带来的冲击。亦可引导学生围绕“白话文替代文言文”有没有必要展开辩论和研讨，帮助学生理解白话文运动、新文化运动之于当时中国，以及之于今天中国的意义。并可以让学生自由发挥写白话诗和文言诗，感受中华两种语言的魅力。

【案例 3】“其作始也简，其将毕也必巨”——中国共产党的成立

（一）案例文本

引　言

且以巧斗力者，始乎阳，常卒乎阴，泰至则多奇巧；以礼饮酒者，始乎治，常卒乎乱，泰至则多奇乐。凡事亦然，始乎谅，常卒乎鄙；其作始也简，其将毕也必巨。

——《庄子・人间世》

1956 年 2 月，中共中央政治局委员、中共一大代表董必武到上海一大会址视察，并为纪念馆题词：“作始也简，将毕也巨”。这句话出自《庄子・人间世》，原文为“其作始也简，其将毕也必巨”，是指有些事情开始时极其微小，不被重视，后来却发展壮大起来，成就了一番大事业。其实，最早引用这一古语来论述中国共产党成立的人是毛泽东。

1945 年 4 月。中国共产党第七次全国代表大会在延安隆重举行。4 月 21 日，在预备会议上，毛泽东作报告，简要地回忆了中国共产党成立的情况。他说：1921 年，我们党开第一次代表大会。在 12 个代表中，现在活着的还是共产党员的（叛变了的如张国焘之流不算），一个是陈潭秋，现在被国民党关在新疆监牢里，一个是董必武，现在飞到旧金山去了，我也是一个。12 个代表中现在在南京当汉奸的就有两个，一个是周佛海，一个是陈公博。会是在 7 月间开的，我们现在定 7 月 1 日为党的周年纪念日。……所谓代表，哪有同志们现在这样高明，懂得这样，懂得那样。什么经济、文化、党务、整风等等，一样也不晓得。当时我就是这样，其他人也差不多。当时陈独秀没有到会，他在广东当教育厅长。我们中国《庄子》上有句话说：“其作始也简，其将毕也必巨。”现在我

们还没有“毕”，已经很大。接着，毛泽东回顾了中国共产党走过的24年历程，满怀豪情地说：“我们党尝尽了艰难困苦，轰轰烈烈，英勇奋斗。从古以来，中国没有一个集团，像共产党一样，不惜牺牲一切，牺牲多少人，干这样的大事。”

毛泽东这番讲话，透露了许多鲜为人知的信息。比如，一大召开的时间、地点、代表人数，为什么要移到南湖开会，当时还活着的代表的情况，以及毛泽东本人入党的情况等。但核心的内容，是讲中国共产党怎样由“简”到“巨”，由“年幼无知，不知世事”到“翻天覆地”的。当时绝大多数代表是第一次听到关于中共一大的情况介绍，感到很新鲜，很兴奋，同时又备受鼓舞。

1945年6月17日，在中国革命死难烈士追悼大会上，毛泽东发表演说，又一次引用了这句话，并解释说：“‘作始’就是开头的时候，‘简’就是很少，是简略的，‘将毕’就是快结束的时候，‘巨’就是巨大、伟大。这可以用来说明是有生命力的东西，有生命力的国家，有生命力的人民群众，有生命力的政党。”

“其作始也简，其将毕也必巨”，这句富有哲理的话正是中国共产党的真实写照。中国共产党刚刚成立时，只有几十名党员，也没有什么重大影响。胡乔木说：“一大开过了，似乎什么也没有发生，连报纸上也没有一点报道。但是中国的伟大事变在实质上却开始了。”中国共产党由“简”到“巨”的事实雄辩地证明，代表人民群众根本利益、代表历史前进方向的新生力量是充满旺盛生命力的，是不可战胜的。

党的十九大闭幕仅一周，中共中央总书记、国家主席、中央军委主席习近平带领中共中央政治局常委李克强、栗战书、汪洋、王沪宁、赵乐际、韩正，于10月31日专程从北京前往上海和浙江嘉兴，瞻仰上海中共一大会址和浙江嘉兴南湖红船，回顾建党历史，重温入党誓词，宣示新一届党中央领导集体的坚定政治信念。

习近平指出，上海党的一大会址、嘉兴南湖红船是我们党梦想起航的地方。我们党从这里诞生，从这里出征，从这里走向全国执政。这里是我们党的根脉。习近平强调，“其作始也简，其将毕也必巨”，96 年来，我们党团结带领人民取得了举世瞩目的伟大成就，这值得我们骄傲和自豪。同时，事业发展永无止境，共产党人的初心永远不能改变。唯有不忘初心，方可告慰历史、告慰先辈，方可赢得民心、赢得时代，方可善作善成、一往无前。

资料出处：

1. 李腊生、刘明钢：《毛泽东论述中共成立》，《光明日报》，2011 年 11 月 16 日。

2. 《习近平：其作始也简 其将毕也必巨》，《北京青年报》，2017 年 11 月 1 日。

（二）问题思考

1. 中国共产党是在什么样的社会背景下成立的？

2. 为什么说中国共产党的成立是“开天辟地的大事变”？

（三）案例分析

中国共产党的成立是开天辟地的大事变，但其发展却不是一蹴而就、简单轻松的事情。历经曲折、苦难、危机，“作始也简，将毕也巨”是对其发展过程最贴切的描述。在第四章的学习中，我们既要了解中国共产党“作始也简”的不易开端，也要理解中国共产党“将毕也巨”的坚定信念。

1. 黑暗中建党

中国共产党的诞生，有着深刻的国际国内背景。在国内，长期的封建专制统治不能再维持，但是封建思想还死死地锢住人们的头脑，以北洋军阀为代表的封建势力控制着近乎四分五裂的中国。在国际上，西方列强实力此消彼长，主要侵华势力已经发生转变，参与侵华的后起资本主义国家越来越多，错过两次工业革命的中国陷入愈来愈严重的亡国亡种的危机之中。如何改变近代以来中国积贫积弱的悲惨命运，是中国各阶级都在思考的问题。中国无产阶级是沉默的大多数，数量众多而缺乏组织，渴求改变而缺乏素质。作为中国无产阶级的先锋队，中国共产党的成立是非常不容易的。召开中共一大的时候，全中国仅有50多名党员，开会用的屋子还在中国的国家主权都不能完全行使的法国租界。会议选址煞费苦心，会议中途却又遭到反动势力的干扰破坏，不得不将会址临时迁到嘉兴南湖的一艘红船上。中共一大召开之艰难、中共一大代表所承受的风险可见一斑。

在中共一大上张国焘所作《北京共产主义组织的报告》指出“北京共产主义组织仅仅是在十个月以前才产生的。此外，加入这个年轻组织的，只是为数不多的知识分子，他们多半缺乏革命经验。由于时局本身的变化，我们的整个活动遇到阻碍……”“工人中极端利己主义盛行，他们没有集体生活习惯，浸透了保守的传统精神。”“在去年十月这个组织成立时，有几个假共产主义者混进了组织，这些人实际上是无政府主义分子，给我们增添了不少麻烦，可是由于过分激烈的言论，他们使自己和整个组织脱离了。他们退出以后，事情进行得比较顺利了。”但是，“我们人手还很少，因此，不能立即提出广泛的战斗任务。我们必须集中全副精力向知识分子和工人阶级进行宣传和组织工作。”“我们最初出版的是《劳动者》周刊，但出到第六期以后，就被政府查禁了。遭到这次迫害以后，我们的刊物改名为《仁声》，但在第三期以后，由于缺乏经费，只得停刊。”陈公博在一大上所作的《广州共产党的报告》里指出：“去年，这里没有任何组织，也不可能找到能在广州做组织工作的人。我们回到广州的时候，创办了《社会主义者》日报，但不能说《社会主义者》就是某种组织，它是一个宣传机构。当时广州是在广西人的统治下，他们残暴地镇压各种运动，而这时我们又有财政上的困难，因此，不可能有任何进展。”“最遗憾的是我们非常需要钱。《劳动界》已停刊，两个工人工会也得停办。因为：第一，经费困难；第二，无政府主义思想在工会里已广泛传播。”“我们的宣传报是《社会主义者》日报，该报每月需要七百元，很难维持下去。此外，我们还有一个马克思主义研究会，共有八十余人，其中百分之二十是法律系的学生，百分之二十是高等、中等院校的学生，其余的人是各种政治小组和编辑小组的成员。这些小组里没有工人，因为我们很难与他们建立联系。而与士兵群众建立联系，就更加困难。”从中共一大会议上的两份地方代表报告可以看出，中国共产党成立伊始，面临各种困难。除去封建军阀势力的压迫，共产党还遭遇普遍的经费问题，还需要经常公开与无政府主义者以及社会党人进行论战。向工人阶级进行宣传是最重要的工作，但进展也极不顺利，广州很难与工人群众建立联系，而且很难在国民党影响力之下去争取工人。在北京，长辛店劳动补习学校收到了比较好的效果，但是提高工人觉悟，建立工人组织依然是任重道远的工作。

2. 曲折中成长

中国共产主义运动的兴起，使得一切反动势力感到深深的恐慌。这个运动在萌芽时即被斥为“过激主义”，被视为“洪水猛兽”，而遭到中外反动派的联合压迫，以致中国共产党刚刚成立，就不得不处于秘密状态。在以后的一个长时间里，它不仅遭到御用文人的恶毒攻击、特务的残酷迫害，更受到反动军警的血腥镇压。中国共产党曾经积极倡导和组织了国共合作，发动了轰轰烈烈的国民大革命，却陷入蒋介石与帝国主义势力勾结的阴谋之中，遭到代表地主阶级、买办性大资产阶级利益的国民党政府的疯狂清剿。中国共产党也曾经因为数次犯过“左”倾错误，使得中国共产党自身和革命事业几乎濒临绝境。但是，幼年的中国共产党还是突破种种困境，不可遏止地成长和发展了起来。当年，它只有几十个成员；二十八年以后，它就成为领导着中华人民共和国的执政党了。这个事实说明，代表历史前进方向的新生力量是不可战胜的。

在当时的中国，工人阶级人数不多，又比较年轻，许多工人不久前还是小生产者。在党内，出身于小资产阶级的党员占有相当大的数量。因此，新生的中国共产党不能不受到小资产阶级思想的严重影响。同时，它是在一个幅员辽阔、人口众多、情况复杂、经济文化落后的半殖民地半封建社会开始自己的活动的。因此，它要把马克思列宁主义同中国实际全面地、正确地结合起来，制定出适合中国情况的纲领、路线、方针和政策，不能不经历一个曲折的探索的过程，一个在党和人民集体奋斗的基础上逐步积累经验的过程。

3. 必胜的信念

中共十九大报告把“不忘初心，牢记使命”作为主题关键词，指出“我们比历史上任何时期都更接近、更有信心和能力实现中华民族伟大复兴的目标”。中国共产党人的初心和使命，就是为中国人民谋幸福，为中华民族谋复兴。这个初心的起点，便是中国共产党的成立。中共一大通过的《中国共产党第一个纲领》和《中国共产党第一个决议》，充分说明党自诞生之日起就是一个新型的以共产主义为目的，以马克思主义为行动指南的、统一的无产阶级革命的政党。中国共产党一经成立，就把实现共产主义作为党的最高理想和最终目标，义无反顾肩负起实现中华民族伟大复兴的历史使命。中国人民由此踏上了争取民族独立、自身解放的光明的道路，开启了实现国家富强、人民富裕的历史征程。

继承中国共产党的初心和使命，是继承建党时期的“红船精神”，即开天辟地、敢为人先的首创精神，坚定理想、百折不挠的奋斗精神；是继承开拓时期的“井冈山精神”，在一切危难之中坚持党的绝对领导和坚定不移的革命信念，敢创新路勇于胜利；是继承革命战争时期的“延安精神”，即实事求是、理论联系实际的精神，全心全意为人民服务的精神和自力更生艰苦奋斗的精神。这些伟大的精神是激励中国共产党人不断前进的根本动力，是中国共产党人永葆青春活力的秘诀，这是一个肩负历史重托的政党对人民的承诺。

（四）教学建议

引导学生阅读中共一大上的会议文件，包括《中国共产党第一个纲领》《中国共产党第一个决议》《北京共产主义组织的报告》《广州共产党的报告》等，帮助学生理解中国共产党成立的背景和意义。

第五章　中国革命的新道路

一、教材分析

（一）教学目的

1. 认清国民革命失败后国民党政权的本质，懂得推翻国民党反动统治的斗争是必要的、正义的、进步的。

2. 认识中国革命的长期性、曲折性和不平衡性，了解中国共产党探索中国革命新道路的艰苦历程。

3. 了解这一时期错误路线给中国革命造成的严重危害，认识遵义会议和红军长征在中国革命过程中的地位和作用。

（二）教学重点难点

【教学重点】

1. 中国革命新道路——农村包围城市、武装夺取政权道路的形成。

2. 第五次反“围剿”的失败与红军长征的胜利。

【教学难点】

1. 八七会议的评价。

2. 党内“左”倾错误反复出现的原因。

（三）基本知识结构

第五章《中国革命的新道路》知识点层级关系		
一级知识点	二级知识点	三级知识点
中国革命的新道路	对革命新道路的艰苦探索	国民党在全国统治的建立
		土地革命战争的兴起
		走农村包围城市、武装夺取政权的道路
	中国革命在探索中曲折前进	土地革命战争的发展及其挫折
		中国革命的历史性转折

二、典型案例

【案例1】高文华——为革命忍痛卖子的地下工作者

（一）案例文本

一个父亲亲手将四个月大的儿子卖掉，其中有多少无奈与不舍！

而卖儿子换得的50元大洋却成了党的活动经费，一毫也没有留在父亲的兜中，背后又有怎样的隐情与牺牲？

不知道，那个如果活到今天已是年逾古稀老人的婴儿是否会怨恨父亲的狠心，可在这位父亲心中，对孩子的思念与歉疚却相伴终生。

高文华，这个白色恐怖年代的中共河北省委书记，从湖南农村走出的青年，我党的第一代地下工作者，就是带着对一别再无音讯的儿子的挂念离开人世的。

而今，旧事重提，人们更多的是对那个时代党的地下工作艰苦程度的猜测，却常常忽略了是什么让高文华在经费与儿子、工作与情感、党与个人间总是选择前者。“我坚信马克思主义是真理，困难是暂时的，逆境是可以扭转的。有了这个信仰，哪怕是个人的生命、血肉之躯都可以奉献出来。”在高文华眼里，革命的牺牲除了生命，还有亲情。

无奈卖儿筹经费

5月30日，在沈阳市风雨坛街的住宅里，回首往事，86岁的高鹰老人不禁痛哭失声。“在那个年代搞地下工作太难了！为了筹措活动经费，实在无法可想的父亲才把我弟弟卖掉了。”采访中，高鹰几次喃喃低声念着这几句话，语音颤抖。

高鹰的父亲高文华，于1935年2月担任河北省委书记。1935年6月，高文华任北方局书记兼河北省委书记。

此后不久，由于党组织缺乏经费陷入了困境，高文华与妻子贾琏将自己只有四个月大的儿子卖掉，换来50元大洋，维持了省委三个月的运转。“当时，上海中央局遭到国民党破坏，中共中央正在长征路上，省委与中央失去了联系，北方局与河北省委好似一个孤儿，工作上得不到中共中央的及时指导，经济上没有中共中央接济，加上那年华北大旱，遍地灾民，困难可想而知。”河北省委党史办宋学民处长告诉笔者，高文华想尽办法筹集经费，但收效甚微。“没有经费，同志们不能出差，无法开展工作；北方局机关和同志们租住房屋的房东时时在催要房租；高文华的女儿饿得难受，不得不到田野里捉蝗虫，拿回来烤着吃；高文华患有严重的肺病，经常吐血……”当年在中共河北省委工作的同志们后来这样回忆。

由于没有药物，高文华只好喝盐水治病。当时担任北方局与河北省委秘书并兼职财经工作的贾琏看到高文华营养不良，病情恶化，非常着急，就想把挂在墙外装饰门面的一块腊肉取下来吃，但高文华坚决不同意。因为那块腊肉不光用来装门面、摆阔气，同时也是地下党同志前来联系工作时报平安的标志。贾琏多次把这块腊肉取下又挂起，始终没有吃掉。“我爱人贾琏同志眼看着这种情景，心里十分难过。她跟我商量，要卖掉我们的孩子，来维持一下这段困境。我们共有四个孩子，只有最小的是男孩（廖东光）。那年头，男孩比女孩要多卖钱呀，于是就把仅仅四个月大的儿子卖了50元大洋。”

在高文华的回忆文章《1935年前后北方局的情况》中，看不出悲伤甚至看不出细节的平白描述仍然可以让人想象当年抉择时的残酷。“分给王林（省委秘书长）10元，李大章（负责宣传工作）10元，解决吃饭问题。”高文华就是靠着这50元大洋，整整维持了北方局三个月的生活。

即使在那样艰难的情况下，高文华夫妇还保持着党的地下工作者的警觉性。“高文华的女儿为烤蝗虫吃还受到了责备，因为当时高文华的公开身份是商人，商人的女儿是不会烤蝗虫吃的。”原益阳县委办公室主任刘谷东告诉笔者。

1988年，刘谷东曾专程到北京拜访高文华，并写下了名为《为了创建新世界》的文章进行发表。

并非父母心如铁

“如果不是1981年母亲因病去世，党组织在悼词中把这段‘卖子为党筹经费’的往事公布出来，很少有人知道父母的这段经历。”高鹰说，卖掉儿子后的高文华夫妇，极少向人提及此事。

不提并不意味着不伤心，在高鹰看来，不提更多是因为在高文华从事地下工作的年代，还有比卖儿更残酷、更伤心的。流血、牺牲常在眼前上演，这样的牺牲也许算不上最痛心的。

近年来，受一些谍战影视作品的影响，不少人心目中的地下党形象往往是穿着西装旗袍行走于歌厅、饭店，地下工作不外乎行刺、暗杀、搞情报。

其实，白色恐怖下，党的地下工作者大都是粗布褐衣、居家百姓的形象，他们要为柴米油盐发愁，也要为省几块钱的旅费绞尽脑汁。

“高文华担任中共河北省委书记时期，正是白色恐怖最为严重，党的地下工作者生存极为艰难的时期。”作为党史工作者，宋学民对此十分了解。“当时，北方局和河北省委是‘一套人马，两块牌子’，也就是说，指导北方局所属地区工作时，用中共北方局名义；指导河北省委工作时，用中共河北省委的名义。”宋学民说，“这一时期党的组织屡遭破坏，多任省委书记相继牺牲。”

从1927年8月到1937年7月的10年间，由于遭到多次重大破坏以及出现党的高级干部叛变等多种原因，顺直省委和河北省委书记的变更有20多次。

在这种背景下担任北方局书记兼河北省委书记的高文华心里不可能不清楚，在这样的情况下，维持省委的正常运转具有多么重要的作用。“‘马日事变’后，高文华同党组织失去联系，他切身感受了作为一个与党失去联系的‘孤儿’的苦闷与彷徨。”唐振南说。

在失去与党组织联系的一年多时间里，高文华一边维持生计，一边辗转湖南、湖北、浙江、安徽、上海等地艰难寻找党组织。“锲而不舍寻找党组织的过程中，他也深深感到了党组织的重要性。”唐振南认为，也许正是这段经历，让高文华在面对经费与儿子、工作与情感、党与个人的矛盾时，虽然痛苦，却总是选择前者。

家境贫寒的高文华虽因生活所迫12岁就辍学做学徒、当工人，但他却“很爱想事儿”。

1922年8月，当时还叫廖湘锜的高文华报名参加了由毛泽东创办的“湖南自修大学”，当时的考官后来回忆，这位当时刚满17岁的青年表示自己来学习的目的就是想弄明白为什么不种田的地主豪绅穿绸缎、搓麻将、吃山珍海味，而种田的百姓却没饭吃、少衣穿。

带着同样的问题，1925年5月，因在长沙、益阳组织罢工失败愤而改名廖去恶的高文华又南下广州农民运动讲习所去学习“革命的真本事”。“由于高文华长期在国民党统治区从事地下工作，所以他用过很多化名，但最后高文华的名字却满含着为建立独立自主、高度发展、文明富强的新中华而奋斗的寓意。”唐振南说，从廖湘锜到高文华，名字的变化划出了一道我党第一代地下工作者为理想而战的人生轨迹。“他从不抛头露面，总是保持低调。”唐振南认为，以高文华的革命资历，新中国成立后，最高职务只是轻工业部副部长、水产部党组书记，1994年临终前，仍是新中国成立之初授予的行政六级工资，“与同资历的人比，算得上吃亏了。”“相比死去的人，我们算是幸运的了。”秘书井宁却不止一次听高文华如是说。

能上能下，毫无怨言，只要奉献，不图索取。

获得这样的评语，高文华当之无愧。

生命只为一个信仰

高文华，曾被毛主席笑称“又高又有文化”的“一员虎将”，历经战争年代的洗礼与和平环境的考验，始终坚守着自己的信仰。

也许今天的人们面对高文华“卖子筹经费”这一历史往事，第一反应是“感觉不可思议”，然而，走近高文华那一代人，却觉得这样的选择是那么自然，正如高文华自己所言，为了党的事业和更多人不再受同样的苦痛，自己血肉之躯都可舍弃，还有什么不能割舍。

像高文华一样，在党和孩子间毅然选择前者的还有很多，这些共产党人用其看似无情却深藏感情之举诠释着自己对信仰的执着。广东省委书记，中南局书记陶铸的夫人曾志，在党没有活动经费时，含泪忍痛卖掉还在襁褓中的亲生儿子，从此母子不得相见；满洲省委书记陈为人，自己管着上百块大洋的党的经费，却宁可饿死自己的孩子，也不敢动用一分。

“芝兰生于幽谷，不以无人而不芳；君子修道立德，不为穷困而改节”，《孔子家语·在厄》中的这句话成为中国知识分子追求个人气节与修养的座右铭，而从高文华他们身上，我们听到的是革命者“生命只为一个信仰，无论谁能听见”的忠诚与坚定。

资料出处：

马彦铭、高文华：《为革命忍痛卖子 曾任河北省委书记》，《河北日报》，2011 年 6 月 8 日。

（二）问题思考

1. 国民党在全国的统治建立后，白色恐怖下的中国共产党人是如何克服困难奋勇前进的？

2. 在新时代共产党员坚定理想信仰的重要意义是什么？

（三）案例分析

在 1927 年大革命失败以后，国民党已经不再是工人、农民、城市小资产阶级和民族资产阶级的革命联盟，而是变成了一个由代表地主阶级、买办性的大资产阶级利益的反动集团所控制的政党。国民党所实行的是代表地主阶级、买办性的大资产阶级利益的一党专政和军事独裁统治。在国民党的统治下，中国社会的半殖民地半封建性质没有改变。白色恐怖笼罩着全国城乡。中国革命转入低潮。中国共产党遇到了前所未有的困难。

国民党统治集团将捕杀的罗网张遍了全中国。中国共产党及其领导的革命运动遭到严厉镇压。共产党被宣布为“非法”，加入共产党成为最大的“犯罪”，共产党的组织不断遭到破坏，党的活动被迫转入地下，许多共产党员和党的领导干部被捕、被杀。在白色恐怖统治下，一些不坚定分子动摇了，他们纷纷声明脱离共产党、共青团；有的甚至公开“忏悔”，攻击共产主义和共产党，出卖党的组织和共产党员。革命的工会、农民协会等也到处被查禁或解散，工农运动走向低落。敢不敢坚持革命，怎样坚持革命，这是中国共产党人和革命群众必须回答的两个根本性的问题。在严峻的考验面前，有着坚定共产主义信仰的中国共产党人并没有被吓倒、被征服、被杀绝，他们高举起反帝反封建的革命旗帜，坚持奋斗。

在白色恐怖时期，党的地下工作者凭借坚定的信仰和崇高的理想，和敌人进行残酷的斗争，党的力量不断发展壮大。中国共产党从 1921 年建党初期的 50 名党员，经过 99 年的奋斗历程，已发展成为拥有近 9000 万党员的世界第一大政党。这表明我们党是无比伟大的党。共产党员的坚定信仰和崇高理想在《党章》总则中写得很具体、丰富。当前，我们走在实现中国梦的征程上，共产党员更应永葆对共产主义事业的坚定信仰，不忘初心、继续前进，敢担当有作为，为实现中国梦而努力。

（四）教学建议

大学生是祖国未来各条战线的生力军，中国特色社会主义事业的建设者和接班人，他们中绝大多数是共青团员、入党积极分子，部分学生还是共产党员，借此案例，我们既要帮助学生掌握党史知识，又要引导学生进一步增强拥护共产党的领导和接受马克思主义指导的自觉性，让他们懂得珍惜党的革命史，勇于承担新时期的责任和使命。此外，可以建议学生在课后开展相关实践活动，例如：学生党员重温入党誓词，以“白色恐怖下的信仰与忠诚”为题开展征文或演讲比赛等。

【案例 2】黄色的土地 英雄的人民——冀南暴动

（一）案例文本

1935 年，在广袤的冀南大地上，爆发了由中国共产党直南特委领导，以广大劳苦大众为中坚，以“盐民自卫”和斗地主、打土豪、“抢粮、分粮吃大户”为内容，以武装斗争为主要形式，声势浩大的农民武装斗争，史称“直南暴动”，又称“冀南暴动”。冀南暴动打响了中国共产党领导冀南农民武装斗争的第一枪。

党的指示

1934 年 9 月 27 日，中共河北省委发出《给直南党的指示信》，指出：“目前形势要求你们，千百倍努力地去在加紧领导广大工农劳苦群众的日常经济政治斗争中，实现大规模的游击战争，创造新苏区的任务。”1935 年初，省委宣传部部长李华生以北方局巡视员的身份，亲临直南巡视工作，实地考察冀南的社会发展状况，并亲自起草了《抗日游击队行动纲领》。4 月间，特委在任县刘家屯村召开会议，进一步研究部署发动暴动的具体问题。会议决定：一方面扩大健全党、团组织，实行党员军事化；一方面在农村建立发展“贫农会”“盐民自卫会”“学生救国会”和“小学教员联合会”，使党与广大人民群众建立密切的联系。会议最后决定：5 月初举行武装暴动，先由滏西的刘子厚等人组织攻打当地保安分团，夺取枪支，然后到平乡县节固店与滏东的人汇合，联合盐民一同攻打平乡县城。

斗争经过

1935 年 5 月初，直南特委在刘家屯召开会议，部署冀南暴动。刘子厚、李德、刘振邦分别率滏西暴动队首先攻打任县大北张、尧山县北楼、泽畔的保安分团。这一天是尧山大庙会，刘子厚、李德、刘振邦等分别带领暴动队员，扮作赶庙会的样子，分赴大北张、南楼、泽畔，计划晚上动手端掉这三个保安分团。由于大北张保安分团的“底线”叛变，敌人已有了准备，使这一路的行动计划完全落空。在南楼，刚到保安分团门口，就被门卫发现，转身逃跑时，被我暴动队员当场击毙，这一枪打响了冀南暴动的第一枪！枪声一响，惊动了里面的敌人，冲进去后，人已跑光，只得到 3 支长枪。泽畔距南楼不远，南楼枪声一响，泽畔的敌人自然便有了准备，再去恐难取胜，只好放弃。同日，滏东地区李菁玉、郭森等在广宗县的槐窝也因未组织起队伍而落空。至天明，滏西、滏东两边的人到节固店汇合时，总共只有200多人，原计划攻打平乡城的计划被迫放弃，第一次暴动就这样流产了。

5月20日，中共河北省委就直南发动武装斗争再次作出指示，指出“在敌人的力量还是优强于我们的时候，群众武装斗争的胜利保证，是在于掩护与生长在广大的群众基础上”。5月底，根据中共北方局和河北省委的指示，中共直南特委在巨鹿县郭庄召开会议，总结第一次暴动的教训，积极做好第二次暴动的准备工作。对特委郭庄会议精神，各县党组织纷纷传达贯彻，落实特委决定，积极准备暴动。

第一，发动群众。引导和教育群众，扩大党在群众中的影响。第二，准备武器。为了“武装自己”，各县下大力量搞枪支弹药。第三，组建游击队。随着贫苦群众的发动和武器的增加，暴动的骨干力量壮大起来。到7月底，滏西地区已形成拥有100多人、60多条枪的革命武装。同时，滏东地区的武装也在迅速地发展。1935年秋，成立了“中国工农红军平汉线游击队”。经过几个月的精心准备，游击队的战斗能力大大提高。

鉴于此，直南特委迅速把党的工作重心转移到领导开展大规模武装暴动上来。1935年8月，各县游击队纷纷利用青纱帐、沙窝、树行子等有利地形、地物，昼伏夜出，到处开展砸局子、打盐巡、斗地主分粮食，暴动达到高潮。游击队砸局子如神兵天降，敌人冷不防就被缴了枪当了俘虏。暴动中著名的战斗有：砸掉王道寨警察局、巧埋伏痛击保安队、智处恶霸地主尹怀聚。

冀南党组织不仅重视武装斗争，而且十分关心冀南百姓的疾苦。为让百姓吃饱穿暖，根据《抗日游击队行动纲领》第二条之规定，广泛开展了“不交租不还债，实行分粮、抢粮吃大户”运动。所谓分粮、抢粮吃大户，就是在共产党的领导下，依靠游击队的武力镇压，强行将地主老财、土豪劣绅家多余的粮食分给劳苦大众。平乡中心县委领导这项运动最为出色。

在平乡的典型示范带动下，一场暴风骤雨般“分粮、抢粮吃大户”的群众运动席卷冀南平原，先后有50多万人参加的贫农团、“布袋队”，打开地主的粮仓，分得粮食200万余斤。分粮斗争使地主阶级威风扫地，广大贫苦群众扬眉吐气，不仅解决了农民的生存和生活，更重要的是打击了乡村封建势力。

武装斗争的胜利开展，有力地支持了“分粮、抢粮吃大户”的群众运动。同时又使更多的农民受到极大鼓舞，积极参加游击队，投入到抗日反蒋的武装斗争中，使农民游击队在斗争中不断发展壮大。队伍由小到大，从“布袋队”到暴动队，从游击小组到游击队，最后成立了中国工农红军平汉线游击队。从几十人几杆枪发展到上千人八九百杆枪。1935年底，中共河北省委书记高文华来直南检查指导工作。此时滏西、滏东十几个县的游击队的基本活动范围已连成一片。为推动冀南武装斗争向纵深发展，配合中央红军的东征抗日行动，加强对游击队的集中统一领导，高文华提议把中国工农红军平汉线游击队，扩建为“华北人民抗日讨蒋救国军第一军第一师”，迎接更加伟大的任务。

1936年1月28日，“华北人民抗日讨蒋救国军第一军第一师”在广宗县槐窝村正式成立，刘子厚任师长，王光华任副师长。直南游击队的发展壮大和武装斗争的蓬勃发展，使国民党当局十分震惊。蒋介石电令冀察政务委员会主席宋哲完限期“围剿”，消灭“赤祸”。

1936年2月间，国民党三十二军的两个旅包围了任县六屯、四庄、吴岳、安庄等50个村庄，逮捕3100多人，疯狂杀害400多人，包括中共党员、暴动队员及其亲属和革命群众。不久，二十九军包围了巨鹿旧城一带10多个村庄，有70多人被捕，30多人惨遭杀害。紧相接，三十二军联合平乡保安团和警察局，包围了平乡、巨鹿两县交界处的王固、杨村、贾庄等48个村庄，抓走2000多人，其中100多名共产党员、游击队员和革命群众被杀。据不完全统计，在战斗中牺牲或被捕牺牲的共产党员、游击队员和革命群众达1500多人。

斗争结束

1936年3月，中共中央派刘少奇主持北方局工作。中共河北省委书记高文华向刘少奇汇报了冀南的危机情况。经过反复讨论、争辩，最后决定暂时“插枪”，即化整为零，疏散隐蔽。会后，特委机关转移到石家庄，刘子厚、张霖之、马国瑞等分别在邢台、邯郸、永年等地隐蔽起来，指挥和安排党员、游击队员分散转移。共产党员、游击队员把枪支武器藏在枯井里，埋在坟地里，分别离开直南，到北平、天津、白洋淀、保定、东北、山西、彭城等地，及平汉、德石铁路上做工，自谋生路。一场轰轰烈烈的历时一年的农民武装斗争结束了。

冀南暴动虽然失败了，但它如熊熊烈焰燃烧了一年，波及25个县域，是20世纪以来冀南大地上爆发的第一次农民大暴动。它扩大了共产党的影响，播下了革命的火种，开启了劳苦大众反抗外辱内压的心灵，砸掉了国民党的反动桎梏，动摇了国民党的反动统治，为冀南抗日根据地的建立创造了条件，锻造了一批杰出的人才，为新中国的建立和社会主义建设作出了贡献，具有深远的历史意义。

资料出处：

何立海、高荣朝：《黄色的土地 英雄的人民——纪念“冀南暴动”80周年》，《党史博采》（纪实版），2015年第4期。

（二）问题思考

1. 冀南暴动是在怎样的时代背景下发生的？

2. 冀南暴动有哪些重大历史意义？

（三）案例分析

大革命失败后，中国共产党得到了惨痛的教训，于是发动南昌起义、秋收起义和广州起义，进入了创造红军的新时期。中国革命由此发展到了一个新的阶段，即土地革命战争时期，开辟了农村包围城市、武装夺取政权的革命新道路，中国革命开始走向复兴，红军和根据地在全国各地逐步发展起来。

另一方面，九一八事变后，日本帝国主义全面侵略中国东北，觊觎华北，蒋介石反动当局先后签订丧权辱国的“塘沽协定”“何梅协定”，实际上放弃了对华北的主权控制，导致日军不仅占领我大片国土，而且加紧对我国经济的侵略和渗透，日货大举向华北倾销，致使冀南广大农村经济迅速破产，民众生活雪上加霜。在华北和冀南，抗日救亡图存的呼声一浪高过一浪。

在国民党反动当局统治下的冀南大地，苛捐杂税繁多，封建地主豪绅及土匪游杂横行乡里，广大穷苦百姓处于水深火热之中，过着饥寒交迫的生活。要翻身求解放的愿望十分强烈，争取自由和生存的斗争彼此起伏、连续不断。在中共直南特委的领导下，冀南暴动一触即发。

冀南暴动打响了中国共产党独立领导冀南农民武装斗争的第一枪，标志着冀南从此有了共产党领导的人民军队。冀南暴动锻炼了党，锻炼了人民群众，为后来创建和坚持冀南抗日根据地，开展抗日斗争，奠定了良好的基础。

冀南暴动减轻了中央红军北上、东征的压力。1935 年 10 月，中央红军经二万五千里长征到达陕北，欲东渡黄河进入山西，进而建立山西抗日根据地。国民党政府调动几十万大军对陕北苏区大举进犯，妄图乘中央红军立足未稳之际，一举消灭之。冀南暴动的发生，迫使蒋介石从华北国军中抽调三个师的兵力前来镇压，因此减轻了中央红军的压力，有效地配合了中国工农红军的东征。

冀南暴动锻炼和培养了一大批党和国家的栋梁之材。参与领导冀南暴动的冀南特委领导刘子厚、张霖之、马国瑞等日后都锻炼成长为党和国家或军队的高级干部，为中国革命的胜利和社会主义建设作出了优异的成绩和卓越的贡献，成为共和国历史永远都不会忘记的英模人物。

冀南暴动为后人留下了一笔宝贵的精神财富。冀南农民武装斗争，反映了冀南老一辈革命家和冀南人民坚定不移的革命信念，不怕牺牲的革命斗志，一切为了人民、一切依靠人民的工作作风，永远激励我们在中国共产党的领导下，为建设美好的新冀南，为实现中国梦而努力奋斗。

（四）教学建议

本案例可以和高文华为革命忍痛卖子的案例放到一起来讲。高文华案例回答了大革命失败后中国共产党敢不敢坚持革命的问题，冀南暴动回答了怎样坚持革命的问题。而且，高文华也出现在冀南暴动的案例中。两个案例关联性很强。

【案例3】长征途中的传奇将军——孙毅

（一）案例文本

举世闻名的二万五千里长征给人们留下了多少感人至深的传奇故事，至今让人难以忘怀。由于李德一句话，用一根木棍和两条腿走完二万五千里的“孙胡子”孙毅，就是一位让人津津乐道的传奇人物。

参加红军

孙毅，原名孙俊华，1904 年 5 月出生于河北省大城县的一个贫苦农民家庭。因从小家境贫寒，他小学没有读完，便被迫四处漂泊，给人家干活，生活一直没有着落。

1923 年夏，孙毅来到河南开封报名参军，被编入河南陆军开封补充营第一连。1931 年，孙毅转战来到国民革命军第二十六路军参谋处，当上了中校参谋。在旧军队奔波了多年的孙毅，此时也已彻底认清国民党政府反动和腐败的真面目，因而对红军队伍充满向往。

当年 12 月 14 日，赵博生、董振堂等人率第二十六路军 1.7 万人在驻地江西宁都县举行了震惊中外的“宁都暴动”。起义后，二十六路军改编为红五军团。季振同任军团总指挥，董振堂任军团副总指挥兼第十三军军长，赵博生任军团参谋长兼第十四军军长，孙毅任十四军侦察科长，随后又调任红十四军第四十一师参谋长。就在这个时候，他把自己原来的名字改成了孙毅，按照他自己的说法，就是取“杀敌为果，致果为毅”的意思。

用两条腿开始长征

1934 年 8 月，在江西瑞金，第五次反“围剿”形势十分严峻，为了应付更复杂、更困难的局面，中央决定组建一支新的部队——教导师，直属军委领导，主要任务是保护党中央和中央军委。军委确定由张经武出任教导师师长，何长工任政治委员，孙毅任参谋长。8 月底，教导师按期组建完毕。全体官兵便在张经武、何长工、孙毅的指挥下，投入紧张的训练中。

由于错误军事路线的指挥，第五次反“围剿”失利，红军主力被迫实行战略大转移。10 月 10 日，是教导师奉命出发的第一天。当天上午，张经武从军委总部会议室出来，火速赶回师部，传达了总部会议精神。可是，有一件事使他难以平静。会后，他把孙毅叫到了自己房里，面带为难之色地说："老孙呀，有件事你可能预料不到……"

"什么事？"闷在葫芦里的孙毅追问着。

"你可别生气呀！"

"到底有什么事，你就直说吧！"

这时，张经武才不得不把事情和盘托出。原来，在布置完远征任务之后，大家在讨论领导干部乘马问题时，一贯独断专行的军事顾问李德，得知孙毅是从白军起义过来的，便把手中的铅笔一挥，将孙毅名字下的"马"字划掉了。张经武从团结的观点出发，据理力争，也都无济于事。张经武为难地说："老孙同志，看来，你要吃苦了。"

向来性格开朗、处事大度的孙毅，面对即刻出发远征的军机大事，对于有无马骑这区区小事也不太在意，尽管对这位洋顾问有些气愤，但他还是忍住了，并幽默地说："没有了四条腿，但我还有两条腿嘛，师长就放心吧，我绝不会掉队的。"

下午4时，孙毅和6000余名教导师战士全副武装，一同出发开始了长征。

遵义会议

长征途中，中央机关于1935年1月9日进入贵州遵义城。1月15日，中共中央在遵义召开政治局扩大会议，总结第五次反"围剿"和中央红军进行战略转移以来在军事指挥上的经验教训。此时孙毅在国家政治保卫团任参谋长。会议期间，孙毅所在的国家政治保卫团驻守城南，任务是确保中央会议和中央领导机关的安全。

1月的遵义，正是寒冬腊月，北风呼啸，寒气刺骨。孙毅每天带着干部在街上巡逻。1月16日凌晨1点多钟，他和两名干部在街上走着走着，发现前面有两个人正迎面走来。孙毅立即示意后面两人放轻脚步，注意观察。待前面的人走近时，孙毅仔细一瞧，原来是毛泽东和张闻天。两人正在交谈，看样子是刚刚散会。孙毅当即走向前去，敬个军礼，并向他们问好：“首长好！”

“孙胡子！”毛泽东一眼就认出了孙毅，接着向他们表示了问候：“同志们辛苦了！”张闻天摸了摸孙毅身上单薄的衣服，关切地说：“夜间天冷，要多穿点衣服，不要冻坏了身体。”

“感谢首长的关心！”孙毅三人向毛泽东、张闻天告别后，继续沿街巡逻。

遵义会议结束了王明“左”倾冒险主义的统治，增选毛泽东为中共中央政治局常委，成立了以毛泽东、周恩来、王稼祥三人组成的军事指挥小组，从而确立了毛泽东在全党、全军的领导地位。孙毅手捧油印的遵义会议决议，心情十分激动，逢人就说：“毛委员又回来掌舵了！”

遵义会议结束后，国家政治保卫团撤销，孙毅先后任红三军团第五师侦察参谋、军团教导大队大队长、侦察科长。

翻越雪山

红军顺利通过彝族等少数民族地区后，抢渡泸定桥，来到了夹金山下。夹金山，主峰海拔4000多米，终年积雪，空气稀薄，没有道路，没有人烟，气候变化无常，时阴时晴，时雨时雪，忽而下起冰雹，忽而狂风大作，民间素有“神山”之称。要翻越这座大雪山，对长时间跋涉、生活艰苦、体力虚弱、衣服单薄的红军来说，困难是难以想象的。叶剑英把孙毅叫来说：“胡子，你这个侦察科长带几个人去，找些民众了解一下，问问他们，看怎样过雪山损失才会小一点。”

孙毅马上带上两个参谋来到了硗碛村的几户村民家访问。一位70多岁的老大爷说：“山上大雪纷飞，寒气逼人。想要过山，必须在上午9时以后，下午3时以前，要多穿衣服，上山前多喝些姜汤或辣椒汤，最好每人拄一根棍子，防止摔倒。”接着，老大爷还严肃地对孙毅说：“在山上行军，要做到四不准：不准说话，不准嬉笑，不准坐地，不准……否则会引起山神发怒，性命难保。”

孙毅回到部队，原原本本向叶剑英作了汇报。叶剑英说：“我们共产党不相信‘山神发怒’的说法，但这是当地村民的经验之谈，对我们爬这座大雪山很有启发，我们就按村民说的去办。”随后，叶剑英口述了四条指示：一、爬越雪山时不要走得太快；二、相互之间不要说话；三、任何人不能坐下来休息；四、发扬阶级友爱，团结互助。还要求各部队准备好足够的生姜、辣椒，发给每位指战员。根据叶剑英的这几条指示，孙毅起草了一份通知，发给每个连队，进行传达。

在高高的雪山上，孙毅手拄着棍子，和战友们手拉手，艰难地向山顶攀爬，肚子饿了，吃口炒面，口渴了，就抓把冰雪塞入口中。不管多么累，多么疲乏，大家都不敢坐下来休息，因为大家听了孙毅起草的通知，深深知道人的身体困乏到如此极限的程度，只要一坐下，就再也站不起来了。

爬过雪山，前面又是一片白茫茫的沼泽和草地，同志们一脚踩下去，稀泥立即淹没膝盖。每走一步，都如负千斤，一些战士稍不留神，便陷进了泥潭，无影无踪。每当想起这些战士，孙毅心中都充满悲痛。

历经千辛万苦，10 月 19 日，孙毅所在的红一方面军终于到达陕北革命根据地的吴起镇。孙毅这位铁打的汉子终于用双腿走完了二万五千里征途。

抗日战争时期，孙毅任晋察冀军区第三军分区司令员等职。解放战争时期，孙毅任冀中军区司令员兼晋察冀军区第七纵队司令员，河北省军区司令员。新中国成立后，孙毅任华北军区副参谋长，中央军委军校部副部长，总参谋部顾问等职。2003 年 7 月 4 日，孙毅在北京逝世，成为开国将领中少见的“百岁将军”。

资料出处：

王锡堂：《长征途中的传奇将军孙毅》，《党史纵览》，2016 年第 7 期。

（二）问题思考

1. 红军为什么要长征，如何认识长征的伟大意义？

2. 长征精神的内涵是什么？如何继承和发扬长征精神？

（三）案例分析

1933 年 5 月，蒋介石亲自组织和指挥对各苏区进行更大规模的第五次“围剿”，并决定采取持久战和“堡垒主义”的新战略，同时对苏区实行经济、交通封锁，企图逐步压缩并摧毁苏区。

面对国民党军采取堡垒主义新战略和重兵进攻，中共临时中央领导人博古（秦邦宪）等却认为，这次反“围剿”战争是争取中国革命完全胜利的阶级决战。在军事战略上，拒绝和排斥红军历次反“围剿”的正确战略方针和作战原则，继续实行“左”倾冒险主义的战略指导，提出“御敌于国门之外”的方针，企图以阵地战、正规战在苏区外制敌，保守苏区每一寸土地。这时，共产国际派来的军事顾问李德（又名华夫，德国共产党党员）从上海到达中央苏区，直接掌握第五次反“围剿”的军事指挥权。因而，在国民党军“围剿”前夕，未及时有效地组织苏区军民进行反“围剿”准备。

此次反“围剿”持续一年之久，中央苏区军民全力以赴，为保卫苏区，进行了艰苦卓绝的斗争，付出了巨大代价，给予国民党军大量杀伤。但由于中共中央实行错误的军事战略和作战原则，使这次反“围剿”作战始终处于被动，以致在红军遭到严重削弱、中央苏区大部丧失的情况下，被迫进行长征。由于第五次反“围剿”的失败，从 1934 年 10 月起，中国工农红军三支主力部队先后被迫离开原有的革命根据地，实行战略大转移，进行长达两年的两万五千里长征。

红军长征，铸就了伟大的长征精神。长征精神，就是把全国人民和中华民族的根本利益看得高于一切，坚定革命的理想和信念，坚信正义事业必然胜利的精神；就是为了救国救民，不怕任何艰难险阻，不惜付出一切牺牲的精神；就是坚持独立自主、实事求是，一切从实际出发的精神；就是顾全大局、严守纪律、紧密团结的精神；就是紧紧依靠人民群众，同人民群众生死相依、患难与共、艰苦奋斗的精神。长征精神为中国革命不断从胜利走向胜利提供了强大精神动力。

（四）教学建议

2016 年是长征胜利 80 周年，习近平总书记在纪念红军长征胜利 80 周年大会上的重要讲话中，总结了长征的伟大意义和深刻精神内涵，提出了弘扬伟大长征精神、走好今天的长征路的六方面要求。建议从历史意义和现实意义两个角度来讲解长征，鞭策大学生不忘初心，走好我们这一代人的长征路。

第六章　中华民族的抗日战争

一、教材分析

（一）教学目的

本章的教学目的是使学生深刻体会民族生死存亡时刻，中华民族不当亡国奴、不怕牺牲、浴血抗战的伟大民族精神和力量；正确认识建立抗日民族统一战线的必要性和重要性。教师要以爱国主义为重点，深入进行民族精神教育，使学生充分认识广大青年学生积极参加抗日救亡运动的重要意义，正确认识中国共产党在抗日战争中发挥的中流砥柱的作用，全面认识抗战胜利的伟大意义和经验。引导大学生增强民族自尊心、自信心、自豪感。使学生能够“以史为鉴，面向未来”，为中华民族的伟大复兴而发奋读书。

（二）教学重点难点

【教学重点】

1. 抗日民族统一战线形成及其意义。

2. 抗日战争胜利的意义及其原因。

3. 国共两党及两个战场在抗日战争中的地位和作用。

【教学难点】

1. 如何分析和评价国共两党及两个战场在抗日战争中的地位和作用？

2. 为什么说中国共产党是中国人民抗日战争的中流砥柱？

（三）基本知识结构

第六章《中华民族的抗日战争》知识点层级关系		
一级知识点	二级知识点	三级知识点
中华民族的抗日战争	日本发动灭亡中国的侵略战争	日本灭亡中国的计划及其实施
		残暴的殖民统治和中华民族的深重灾难
	从局部抗战到全国性抗战	中国共产党举起武装抗日的旗帜
		局部抗战与救亡运动
		全国性抗战的开始
	国民党与抗日的正面战场	战略防御阶段的正面战场
		战略相持阶段的正面战场
	中国共产党成为抗日战争的中流砥柱	全国抗战的路线和持久战的方针
		敌后战场的开辟与游击战争的发展及其战略地位
		抗日民主根据地的建设
	抗日战争的胜利及其意义	中国人民抗日战争在世界反法西斯战争中的地位
		抗日战争胜利的原因和意义

二、典型案例

古语曰“得民心者得天下”。由于共产党与国民党所追求的民众阶层的支持是不同的，国民党作为一个资产阶级性质的政党，致力于追求得到资本家的支持。共产党是无产阶级政党，代表着工人阶级和人民群众的利益，得到了中国超过四分之三民众的支持。正因如此，在抗日战争期间，国民党越来越失去民心，共产党越来越得到民众支持也在情理之中。下面从几个典型案例揭示了国民党是如何一步步失掉民心，最终导致在解放战争中，国民党政府节节败退逃往台湾。

【案例1】南京保卫战与“南京惨案”

（一）案例文本

据史料记载，1937年11月中旬，日军占领上海后，开始西进，威胁南京。为打破日军试图通过占领首都南京以摧毁国民政府抗战意志的图谋，国民政府开始调整战略部署：一是于11月20日正式宣布迁移政府于重庆，以示持久抗战；二是紧急制订南京守卫计划。但是，对于南京是守是弃的问题，在国民政府内部意见不一，多数将领主张弃城，而蒋介石则主张短时固守。

蒋介石决定固守南京，除了考虑到南京的特殊地位（若不战而退，有失体面），更多是从外交战略的考虑。国民政府一直寄希望于国际社会干预中日冲突。虽然从军事角度来看，南京已无坚守的可能，蒋介石又希望能够在南京坚守一段时间，等待国际社会的干预。因此，导致国民政府对南京保卫战的作战计划摇摆不定。

蒋介石这种为引起国际社会干预而不顾军事困难的战略决策，一旦国际社会干预没有如期而至，那么南京保卫战的军事后果将是非常严重的、灾难性的。

1937年11月中旬在关于南京战守的决策会议上，国民政府军事委员会内部分歧严重。一种意见是：只在南京进行象征性的抵抗后即主动撤退。另一种意见是：在首都南京至少有一定时期绝对固守的作战。后一种是蒋介石的主张。唐生智支持蒋介石的主张，提出：“南京是我国首都，为国际观瞻所系，又是孙总理陵墓所在，如果放弃南京，将何以对总理在天之灵？”“军人以身许国，当此危难之际，何能畏难以求苟安？我愿意勉为其难，一定坚决死守，与南京共存亡。”但是，这种意见未能获得广泛支持。权衡再三，蒋介石决定在南京进行短期固守作战。唐生智表示愿意担负这一职责。蒋介石顺水推舟地接受了唐生智的请求，决定由唐生智出任南京保卫战的最高指挥官。蒋介石选择在政府、军队内已没有实力基础的唐生智，这样对自己来说是为了容易控制。由此，实际负责南京保卫战指挥的还是蒋介石，但是又把可以预见的南京保卫战失败的责任转到唐生智身上。于是，在 1937 年 11 月 24 日蒋介石正式宣布唐生智为南京卫戍司令长官。由唐生智这位出身于湖南的地方将领，来指挥中央嫡系和其他地方部队，其结果不言自明。

关于蒋介石撤离南京时候的情景，在美国拍摄的电影《南京梦魇》里是这样解说的："他将带领自己的家人、亲信先撤离南京，与此同时他对外宣布一定要保卫南京。于是蒋介石没有留在南京抵抗日军，而是任命唐生智将军为南京卫戍区司令长官，委派他和日军战斗至死。唐将军接受了挑战，然而蒋介石当时的策略以及当时的背景让唐生智守护南京成为不可能。因此造成了中国历史上最惨重的一次军事灾难。蒋介石命令所有政府和市政官员乘卡车撤出南京，并带走了市内所有交通工具、通信器材，摧毁了通讯大楼。这样一来唐生智无法有效和他手下的官员沟通，也无法获知深入前线战斗的士兵的情况。 12 月 8 日蒋介石及其家人包括顾问一起乘飞机离开了南京，跟随他们的是几乎全部的空军和通信器材。蒋介石留给唐生智的是一座聋哑城市。……""一得知蒋介石已经离开了南京城，市民们也纷纷开始逃难，城外郊区不知底细的难民还在继续涌入城区……"当时的情景可以想见有多么的混乱，政府把几十万的民众丢给了毫无人性的侵略者，任其宰割，这样的政府又怎么能够得到民众的支持、得到民心？

从 11 月 25 日组建南京卫戍部队算起，只经过了 18 天时间，南京即告失陷。而真正的守城作战只坚持了两天，随即开始撤退。无序而仓促的撤退更是把南京变成了人间地狱。

《南京梦魇》中说：" 12 月 11 日下午，战斗还在激烈进行中，唐生智却接到了来自蒋介石的一个令人惊骇的消息，命令唐生智退兵。唐生智认为退兵是不可能的事，他的部队正在激战之中，而且他们几乎已经完全被日军包围了。他恳求蒋介石重新考虑并告诉他想要把撤退的命令传播到城中主要的地区已经完全不可能。蒋介石第二次提出撤退的命令，12 月 12 日唐生智顺从了蒋介石的命令，他们中间的大部分人没有通知那些还在战斗中的中国士兵，但是一些中国士兵听说了撤退的命令，也开始离开了他们的战场，士兵们知道他们正在目睹一场大逃亡，尽管失去了领导的部队正在疯狂地寻找逃生之路，很多士兵依旧继续战斗，事实上根本就没有逃生之路，整个城市已经被日军彻底包围。日本兵追逐逃跑的人群，从背后射击他们，然后用枪炮包围杀死所有的逃跑者，手无寸铁的大人小孩还有军人开始逃命……大街小巷都被难民的血肉冲洗，尸体随便被遗弃在路边，这是一幅噩梦般的悲惨景象和令人绝望的全城骚乱。在城市的另外一些地方还有的中国士兵在继续战斗，在短兵相接的战斗中杀死敌人或者被敌人杀死，知道他们寡不敌众，然后他们只有开始逃命，绝望地爬上城墙寻找避难所。但最后还是在逃亡路上被枪杀，南京城陷落了，大屠杀还在继续，直到日军在街上再也找不到一个活人……”

南京保卫战对南京大屠杀产生了深刻影响。南京保卫战与南京大屠杀在时间上前后承接，保卫战的失败造成南京的陷落，随后发生了惨绝人寰的南京大屠杀。国民政府对南京市民封锁消息，疏散不力，留下严重的平民安全隐患，对于南京的防守部署不力，通讯断绝，造成军事撤退混乱，大批中国军人滞留城内。这些因素扩大了南京大屠杀中遇难者的规模。

其实，在 12 月 13 日南京沦陷前夕，城市基本还在有序运转。国民政府应对战争的准备是有限的，特别是对南京城沦陷之后如何安置和保护市民并没有详细的计划。而滞留在南京的市民也缺乏基本的自我保护和救助意识，导致这种状况与国民政府的误导有很大关联。全面抗战爆发后，国民政府表现出坚决抗战的高调姿态，并配合相关的宣传，给民众留下了国民政府坚守南京的印象。例如，在上海失守之日，《中央日报》发表社论称：对于南京地方，政府“已设立了南京卫戍司令长官，统帅文武机关及全市民众作守土自卫的打算”。此后，官方相继报道了蒋介石、唐生智等表示坚守南京抗战到底的言论。在坚守的表象之下，国民政府各机关大多忙于政府机关的迁移工作，对于南京城陷后的善后工作以及民众的安全问题并未关注。对于如何安置和保护市民，国民政府却没有任何计划。

蒋介石固守南京的高调表态，使得南京市民不能对战争状态有正确的估计，也不可能有相应的战败后物质与心理准备。南京失陷前后，大批难民涌入城中的国际安全区，而国民政府对于国际安全区的支持不够，且安全区未得到日本的承认。因此，它们对于难民的安全保障和生活救助非常有限。

在南京大屠杀中，几十万军民被日军屠杀，其中军人大概在 7 万～9 万人。而如此大规模的军队被俘、被屠杀，与南京保卫战的战略决策和指挥失误密切相关。一方面，在没有把握保证南京守军可以安全有序撤离的情况下，国民政府集合重兵固守南京的决策，造成大批中国军人滞留南京，这显然是军事策略上的重大失误，最后，在守城无望的情况下，蒋介石又对参战部队做了“遗弃性处置”。另一方面，南京卫戍司令唐生智对万一城陷后如何有序撤退等善后事宜，也考虑不周。而且，唐生智为了迎合“誓与城市共存亡”的口号，在挹江门阻止军队退往长江边，收缴并毁坏了渡船。按照唐生智的说法，此为“置之死地而后生”。结果“死地”形成了，而“后生”则成为泡影。导致南京沦陷后，造成了滞留城内的官兵陷入组织崩溃的境地，被俘官兵数以万计，并成为日军残忍屠杀的对象。

资料出处：

1.《“14 年抗战”将成为爱国主义教育关键词》，新华网，2017 年 1 月

10日。

2. 刘建业、李良志、陈之中：《中国抗日战争大辞典》：北京燕山出版社，1997年版。

3.《南京大屠杀》，人民网，2015年9月19日。

4.《南京大屠杀死难者国家公祭仪式举行 习近平出席》，网易，2014年12月13日。

5.《南京大屠杀档案成功申遗》，新浪网，2015年10月17日。

（二）问题思考

1. 关于设立“南京大屠杀死难者国家公祭日”你了解哪些？

2. 南京保卫战对南京大屠杀产生了怎样的影响？

3. 如何客观看待南京保卫战？

（三）案例分析

南京保卫战曾被认为是一场“明知不可为而为之”的战役。这样的结论仅是从军事角度得出的。事实上，任何战争都是政治和外交的延续，对于南京保卫战的决策，需要从多个视角来认识。国民政府最高决策者蒋介石决定守卫首都南京，其实是出于多方面的考虑，更多是外交层面的因素，唯独没有考虑广大民众的死活。在军事抵抗失利的情况下，又不能有效组织部队安全撤出，而是选择了“遗弃性处置”，置广大官兵的死活于不顾。震惊世界的“南京大屠杀”的出现，蒋介石国民政府难辞其咎，也使得广大民众看清了国民政府的真面目，国民政府进一步丧失了广大民众的支持。

南京保卫战，是中国近代史上的一个重要战役，而且因其后续带来的南京大屠杀轰动世界。虽然二战后，日本军国主义一直否认这一罪行，但是，历史是不会抹掉的。只是在南京保卫战中，国民党自始至终没有发动民众，没有及时疏散和转移百姓，把百姓抛给灭绝人性的日军，后续出现南京大屠杀的恶果，跟国民党的片面抗战政策和失掉民心后解放战争中迅速败退有直接关系。

（四）教学建议

2014 年 2 月，南京市政府发出通知，明确“南京大屠杀史档案”申报世界记忆遗产，南京市档案馆首次公开了一批珍贵档案，详细记载了侵华日军在南京制造大屠杀惨案的罪恶事实和日军侵占南京期间犯下的大量罪行。2014 年 2 月 25 日，十二届全国人大常委会第七次会议审议全国人大常委会关于确定设立“南京大屠杀死难者国家公祭日”的决定草案。将 12 月 13 日设立为南京大屠杀死难者国家公祭日，表明中国人民反对侵略战争、捍卫人类尊严、维护世界和平的坚定立场。日本右翼分子对侵华日军南京大屠杀暴行一直辩解并否认，认为“南京大屠杀并不存在，一切都是正常的战争伤亡”。日本国内极少数人试图抹杀、掩盖、歪曲这段历史，这是对国际正义和人类良知的公然挑战，理应引起国际社会高度警惕。中方严肃敦促日方正视和深刻反省侵略历史，以负责任的态度妥善处理有关历史遗留问题，以实际行动取信于亚洲邻国和国际社会。这些内容，在讲授南京保卫战时，必须详细介绍，以警醒世人。

在南京城被围以后，由于指挥失当，朝令夕改，12 月 12 日蒋介石又下达“可相机撤退”的命令，导致中国守军全线崩溃，军队临时慌乱撤退，十数万守军大部未冲出包围，惨遭屠杀。南京大屠杀已经过去 80 多年，但带来的伤痛至今令人刻骨铭心。每一次在电影电视、在报纸书籍上看到南京大屠杀的幸存者叙述当年的往事，心里都极其伤痛。希望日本能够正视历史问题，也希望国家能够繁荣强大，不再让悲剧重演。

【案例 2】“黄水抗战”与“花园口决堤”

（一）案例文本

花园口决堤，又称花园口事件、花园口惨案，是中国抗战史上与文夕大火（长沙大火）、重庆防空洞惨案并称的三大惨案之一。

1938 年 4 月，台儿庄大捷后，由于蒋介石误判局势，匆忙把 20 多万中央军调到了徐州战场，打算在徐州与日决战。中国军队大量集结，日军认为这正好是消灭中国军队主力的好机会。5 月初，日军迅速集结 10 多个师团 30 多万人向徐州地区夹击。蒋介石发现自己的主力部队有被包围在徐州的危险，就决定放弃徐州。日军攻陷徐州后，沿陇海线西犯，郑州危急，武汉震动。为阻止日军西进，蒋介石采取“以水代兵”的办法，下令扒开位于河南省郑州市区北郊 17 公里处的黄河南岸的渡口——花园口，造成人为的黄河决堤改道，形成大片的黄泛区，史称“花园口决堤”。

经过两天两夜不停地挖掘，花园口也终于挖开了。黄河水顺着贾鲁河迅速下泄。第二天，黄河中上游普降了一场暴雨，黄河水量猛增，花园口决口处被冲大，同时被淤塞的赵口也被大水冲开。赵口和花园口两股水流汇合后，贾鲁河开始外溢，漫溢的河水冲断了陇海铁路，浩浩荡荡向豫东南流去。

土肥原 14 师团先头部队 1500 人，另一支日军 16 师团 3000 多人已经开始向郑州进犯，这时突然陷入了黄水的包围之中。日军被黄水阻隔后，就放弃了从平汉线进攻武汉的计划。他们退守到徐州后，南下到蚌埠，过淮河，再到合肥与日军其他部队会合，又开始从长江北岸进攻武汉。

黄河改道，虽然为蒋介石争取了短暂的时间，但到了 1938 年 10 月，花园口决堤的第 4 个月，武汉仍然失守。花园口决口终究没有挽救武汉失陷的命运。

国防大学教授徐焰说：事实上来讲，没有起到阻止敌人多长时间的作用，更何况我们的抗战是持久战，不在于多一天、多一个月，在持久战中，多几天少几天，那是无关大局的，但是从保存自己国家的实力，保存人民的力量来讲，坚持长期抗战，这是根本。

挖掘花园口大坝期间，蒋介石以军事机密为借口严密封锁消息，没有通知老百姓疏散和转移，黄水倾泻而下，老百姓瞬间陷入了一片汪洋之中。花园口决堤，淹死和饿死的群众多达89万人，而日军伤亡只有1000多人，花园口决堤造成了历史上人为的一次大灾难。

这次洪灾，河南、安徽、江苏共计44个县市被淹，受灾面积29000平方公里，受灾人口1000万以上。黄水所到之处，房倒屋塌，饥民遍野。这次洪灾，豫、皖、苏三省共有390万人背井离乡，他们一路乞讨，远的一直逃到陕西、甘肃等省，从中原到西北，迤逦着一幅长长的饿殍图。

蒋介石为逃避责任，决定把这盆脏水泼到日军头上，他发动宣传机器，宣传是日军飞机炸毁了黄河大堤。日本人也不甘示弱，一口咬定是国民党军队自己扒开了黄河。双方一时陷入了一场道义的论战中。

随着花园口的决口越冲越大，黄河水飞泻而下，黄河彻底改道了。由于没有固定的河道，新黄河滚来滚去，在豫、苏、皖三省之间就形成了一个沼泽区，也就是黄泛区。黄泛区从花园口到淮河长约400公里，宽10公里到50公里不等，最宽处可达80公里，给广大黄泛区民众造成深重灾难。

在大陆时，蒋介石从来不敢承认是自己下令扒开了花园口，后来台湾编写的《抗日战争史》承认了这件事，算替蒋介石认领了这份历史旧账，但却极力为蒋介石辩解，说成是抗战的需要。无论怎样辩解，花园口都是中原人民无法摆脱的噩梦，花园口决堤带来的主要恶果是：

淹没地区：豫、皖、苏三省44个县市；

淹没面积：29万多平方公里；

溺死民众：89万多人；

逃难民众：1400 多万人；

生态破坏：每年十几亿吨泥沙淤积，贻害至今。

资料出处：

1.《中国抗战三大惨案——花园口决堤、长沙大火、重庆防空隧道窒息》，新浪网，2014 年 12 月 2 日。

2.《花园口决堤给日军带来了多少麻烦》，腾讯历史，2011 年 11 月 3 日。

3.《蒋介石花园口决堤淹死多少百姓》，腾讯网，2013 年 3 月 11 日。

4.《花园口决堤后的黄泛区：一千多万老百姓什么都吃》，凤凰网，2014 年 10 月 27 日。

5. 日本防卫厅防卫研究作战史室：《中国事变陆军作战史》第二卷第一分册，中华书局 1979 年版。

6. 渠长根：《1938 年花园口事件研究综述》，《许昌学院学报》，2003 年第 3 期。

7.《亲历者忆抗战：花园口决堤，500 万人的灾难》，新华网，2011 年 8 月 10 日。

8.《花园口决堤给日军造成了多大麻烦？》，腾讯网，2013 年 3 月 25 日。

（二）问题思考

1. 你如何看待蒋介石提出的“以水代兵”策略？

2.“花园口决堤”给中国社会带来了什么影响？

3. 我们应该如何客观评价“花园口决堤”事件？

（三）案例分析

“花园口决堤”事件是中国抗日战争史研究中的重要课题，大陆和台湾都给予了很多关注，既澄清了一些历史事实，也有一些疑点有待查证。关于“花园口决堤”在史学界有不少争议：

观点一：支持方——当时的形势，中原沦陷，将导致整个大后方沦陷，中国被亡国，炸开花园口能保住中原，只有“两权相害取其轻”。当时，中原附近的国民政府军已无力再战，其他战场上的国民党军队也难以驰援。共产党领导的武装力量还相当弱小，不足以抵抗整个日军的进攻。“以水代兵”是唯一现实的选择。责任要由日本侵略者来负。

观点二：质疑方——花园口决堤给日军造成的困难只是一般，日军的战略部署并未打乱，武汉到底也没能守住。与豫、皖、苏人民因决堤而蒙受的巨大人员伤亡和财产损失相比，这点作用微不足道。直接淹死和饿死的群众多达 89 万人，是日军在南京大屠杀中所杀中国军民的三倍，而日军伤亡只有 1000 多人，花园口决堤造成了中国历史上人为的巨大灾难。

我们应该本着尊重事实、尊重历史的原则，客观分析当时的局势，不应该以偏概全。尽管蒋介石国民政府一度否认，但是，给广大民众带来的巨大灾难是无法抹灭的，从此失去民心的事实也是有目共睹的。

（四）教学建议

我们讲授历史，本着客观分析和澄清事件真实面目的原则，还历史本来面目的宗旨，对花园口事件的研究应该从中国抗日战争的全局出发，结合战场形势的变化过程，包括日本侵略者的进攻战略与策略，弄清中国军队决堤阻敌对策的来龙去脉及其实施过程，在此基础上，进一步剖析日本军队的占领政策和侵略罪行，再现中国人民不屈不挠的斗争精神和坚强柔韧的生存意识，并借此窥视近代中国社会变迁的局部因素。同时，还要让青年学生明白，历史发展过程中，“得人心者得天下”，正是蒋介石政府以军事秘密为名，对百姓封锁消息，不顾民众死活，不做任何疏散和转移，造成了巨大的人为灾难，是对人民的犯罪，也是失去民心、败走台湾的一个催化剂。

【案例3】“焦土抗战”与“文夕大火”

（一）案例文本

1938年11月13日，长沙发生“文夕大火”。当日，日军占领岳阳后，距离岳阳尚有130多公里的长沙驻军长官朱鹤松，在仓皇之中以奉蒋介石“焦土抗战”的密令为名，于凌晨二时在长沙城内数百处同时放火，使全城成为一片火海。长沙大火焚烧了五天五夜，使数千年的长沙古城毁于一旦。全城被焚十分之九，烧毁房屋5万余栋，烧死百姓3万余人。

“文夕大火”是长沙历史上毁坏规模最大的一次全城人为性质的火灾，也让长沙与斯大林格勒、广岛和长崎一起成为第二次世界大战中毁坏最严重的城市。

1. 历史背景：抗战中最先提起“焦土抗战”思想的是李宗仁。他曾发表《焦土抗战论》，后来，又明确提出：“举国一致，痛下决心，不惜流尽最后一滴血，更不惜化全国为焦土，以与侵略者做一殊死之抗战。”以表达誓死抗战守土的决心。

1938年，武汉沦陷后，武汉的机关、工厂以及大批难民和伤兵涌入长沙，使当时30多万人口的长沙骤增至50多万。长沙作为上海、南京等会战的大后方，积累着许多战略储备物资，商业也很繁荣，这些都给“文夕大火”造成的巨大损失埋下了隐患。

1938年11月11日上午9时，蒋介石的密令到达湖南省政府主席张治中手中：“长沙如失陷，务将全城焚毁，望事前妥密准备，勿误！”旋即张治中又接到蒋介石侍从室副主任林蔚的电话，内容是“对长沙要用焦土政策”。

张治中立即找人拟定一份“焚城计划”。计划明确要求，“弃守前，需将长沙市的公私建筑和一切不准备运走的物资全部焚毁，不资敌用”，“派省会警备司令部警备第二团和长沙市社训总队负责执行”，“于（1938年）11月13日凌晨两点以前”，“进入准备位置”。计划还对焚城的全部过程，如引火材料的发放和控制，起火的命令、信号、秩序、纪律等作了具体规定。13日零时，肩负放火使命的警备二团组成的100多个纵火小分队带领汽油、煤油等燃料到达了准备位置，一部分队员开始将燃料浇在了房屋上，长沙已经变成了一个汽油库。

张治中表态，“须在我军自汨罗撤退后再下令开始行动”，而且还详细布置，“开始行动时，必须先发空袭警报，使居民躲避，等到放紧急警报时，开始行动”。

2. 意外火情：13日凌晨2时许，长沙南门口外的伤兵医院突然起火，不到一刻钟，南门又有三处起火。许权打电话找警察局局长文重孚要求救火，文说：“警察都撤离了，消防队员也撤离了。”而早前为了实行焦土政策，所有消防车也把水放了，换成汽油。

不明真相的放火分队见城外起火，以为是信号，便纷纷将点燃的火把投向油桶或居民的房屋。不久，全城起火而且大火已无法扑救。最终长沙大火持续燃烧五日五夜，直至自行熄灭。

3. 人间炼狱：由于焚城的计划是严格保密的，焚城的行动又是在没有得到命令的情况下突然发生的。大火熊熊燃烧时，城中的老百姓尚在睡梦中。等人们从梦中惊醒，还以为是日军打进城来了。正准备夺路逃命，但烈火已经临门，大多数的街巷已被烟火封住。全城火光冲天。面对熊熊烈火，上天无路，入地无门。熊熊大火中逃命的人们，在拥挤、混乱中，到处发生踩踏，有的被汽车压死，有的被大火活活烧死。一位带着孩子的母亲躲进水缸避火，双双被活活煮死。30多名余太华金号员工躲进防空洞，全部被烤焦致死。凄厉的哭喊声，恐怖的嘶叫声，连同建筑物燃烧时的爆炸声，交织成为一个悲惨世界。

4. 火灾损失：这场大火持续燃烧了五天五夜。3万多人在大火中丧生，全城90%以上的房屋被焚毁。据国民党湖南省政府统计室编印的《湖南省抗战损失统计》估计，大火造成的经济损失10多亿元，约占长沙经济总值的43%。

政府机关被烧毁的有省政府、民政厅、建设厅、警察局、警备司令部、省市党部、保安处、地方法院、高等法院、电报局、电话局、邮政局、市商会、中央通讯社、中央广播电台和在长沙各家报馆等大部或全部。 被烧毁或大部烧毁的各类学校31所，被烧毁的银行10多家，被烧毁工厂有40多家。长沙作为全国四大米市之一，190多家碾米厂和粮栈仅幸存12家，湘绣业40家全部毁灭。

历史文化方面，“文夕大火”毁灭了长沙城自春秋战国以来的文化积累，地面文物毁灭到几近于零。长沙作为中国为数不多的2000多年城址不变的古城，文化传承也在此中断，在历史研究上造成无可估量的损失。

5. 火灾影响：一场“文夕大火”致使无数民众流离失所，商业贸易、政府机关、学术机构等几乎完全被摧毁。但这只是大摧毁的开始。从1939年9月至1944年8月，日寇又发动了四次长沙会战，轰炸长沙100多次，在“文夕大火”中损毁严重的长沙彻底成了一片废墟。

亲历了“文夕大火”惨烈场面的郭沫若，回忆这段冒火脱险经过时如此描述：“只见城中烈焰升腾而起，映红了整个夜空，来不及撤退的长沙百姓，披头散发寻找亲人的，顿足捶胸的，望着大火发呆的，扑向火丛抢救财产的”，“歇斯底里失望地绝叫，伴随着房倒屋塌的轰隆声”，“车至城郊关帝庙前，极目远望，根本不见长沙踪影，惟有冲天的火光和翻滚的

浓烟，显然火势还在蔓延”。(《郭沫若传》)

11月14日，中央社发表《坚壁清野，长沙已成废墟》的短评，还正面评述道：“依据既定计划，诱敌深入，而成为敌军进犯目标之长沙，则不得不为坚壁清野之计，使敌纵能深入亦无所得，于是当局自13日凌晨3时起，即自动毁城。”并宣称：“此次大火，长沙将无一草一木可以资敌。”对几万民众的生命和十几亿的经济损失却只字未提，老百姓对这种置民众生命财产于不顾的政府失望透顶，他们非常痛恨国民党政府，转而支持共产党。

《抗日战争研究》主编荣维木分析指出：“国民党确定了焦土抗战的方针，事先做好焚城准备，焚城随着中日战局的发展，也就是时间早晚的事情。这是大火的必然性。”“但长沙大火是在混乱中发生的，带有一定的偶然性因素，这种情况，说明了在片面抗战路线指导下，战争的组织者是多么容易产生失误。”

资料出处：

1. 徐焰：《中国人民抗日战争史录》，中国文献出版社，1995年版。

2. 张治中：《张治中回忆录》，华文出版社，2007年版。

3. 荣维木：《抗日战争研究》，济南出版社，2015年版。

4.《一着不慎，酿成惨案》，东方头条，2017年5月24日。

5.《揭秘抗战时期“文夕大火”：〈戴笠监控焚城计划〉》，新华网，2016年5月16日。

（二）问题思考

1.“文夕大火”惨案，为何知道的人很少？

2.“文夕大火”是御敌之策还是一场人祸？

3. 如何理解李宗仁的“焦土抗战”的含义？

（三）案例分析

“文夕大火”的第二天，中央社发出了题为《坚壁清野，长沙已成废墟》的短讯，正面评价了“文夕大火”惨案，消息传开，国内外舆论大哗。在重庆和其他省市的湘籍知名人士，如辛亥革命元老仇鳌、前湖南省主席何键等500多人，湖南旅黔同乡会、国民参政会参政员傅斯年、王造时等，纷纷写信、打电报，要求彻查大火真相、严惩祸首、救济灾民。英国、美国的驻华使馆接到在湘英美侨民的报告后，即向中国当局严加责问。面对这个局面，国民党政府隐瞒真相，抓了俩替罪羊杀了草草结案。不管怎样，“文夕大火”是国民党不顾广大民众的死活，采取极端的、片面的抗战路线的体现，是长沙历史上毁坏规模最大的一次全城人为性质的火灾。结果导致大批民众流离失所，商业贸易、政府机关、学术机构、传统文化等几乎完全被摧毁，给国家和人民造成极大的、难以弥补的生命财产损失。

（四）教学建议

“文夕大火”是国民党政府在抗日战争期间对人民犯下的又一令人发指的罪行，虽然事情过去这么多年，令人毛骨悚然的血腥场面，人们仍然记忆犹新，在日本人屠刀下本来已经生存艰难，又遭受到国民党政府人为制造的灾祸，使得百姓彻底看清了国民党政府的真面目，开始厌弃国民党，支持共产党。

【案例4】晋察冀抗日根据地的疾疫应对

（一）案例文本

抗日战争时期，晋察冀根据地作为“敌后模范的抗日根据地及统一战线的模范区”，除要面对日本侵略者的袭扰、封锁等非常严峻的战争形势外，还因交通不便、土地贫瘠、文化教育不发达、医疗卫生条件落后等原因而遭受各种严重的疾疫侵扰。资料显示，晋察冀边区疾疫流行最广泛、最凶猛者为疟疾、回归热、痢疾、疥疮、肠炎、流感等。从 1938 年起，晋察冀边区部分县、区每年都有疟疾和痢疾的暴发和流行。1940 年秋至 1941 年，唐县六个区、灵寿两个区、阜平四个区流感、痢疾、疟疾、回归热、伤寒等各种疫病发病人数达 111178 人，占当地总人数的 77.3%。1941 年春，兴县寨上村发生伤寒流行，发病 420 余人，病死 70 人，发病数占全村人数的 16%。疾疫流行造成根据地劳动力的减少和生产力的普遍下降。据 1943 年 10 月 14 日华北军区卫生部医疗队报告，灵邱县五区乞回寺村因疾疫长期流行，健康人口仅有 4.1%，病人中疟疾占 67.7%，回归热占 7.5%，感冒占 6%，致使当地劳动力匮乏，农业生产及家庭副业等陷入停顿状态，并且直接影响到根据地部队的战斗力。

基于根据地严重的疾疫流行状况，从抗战初期开始，晋察冀边区政府领导广大卫生工作人员从“一切为了伤病员”“一切为了战争胜利”的目的出发，积极开展各种卫生防疫工作。

建立各级卫生组织。早在 1937 年 11 月晋察冀军区成立时，中央军委即下令成立了晋察冀军区卫生部，下设医务、材料、管理三个科，主要负责组建后方医院和各级卫生机构、培训初级卫生人员和筹备药品药材等。1938 年 1 月，各军分区也先后成立卫生部。而在根据地的各个地方，卫生工作最初是由晋察冀军区直接派出干部帮助培训一批基层卫生人员，组建各县卫生院和机关卫生所。一旦发生传染病流行，军区或军分区派出医疗队（组）前往防治，当地医疗机构和乡村医生密切配合。到 1944 年初，边区各地逐渐建立各级卫生行政机构，配备卫生专业人员，并由部队协助培训。根据地卫生工作的方向方针逐步明确，即以预防工作为主，治疗次之，以积极的预防代替偏重治疗等，同时开展县级和村级卫生干部的训练工作。截至当年10月，仅冀西、晋东北、雁北、平西的7个专区共培训医生及其他卫生人员1120名，配设专区和县卫生指导员72人、区不脱产卫生协助员228名、村卫生员5010名。

颁布卫生防疫法规。为使根据地卫生防疫工作有章可循，军委总卫生部于1937年颁发了《暂行卫生法规》，对营舍卫生、个人卫生、营养卫生、疾病管理、战地救护等做出了详细规定，并明确提出卫生纪律八条：不乱解大小便，不随地吐痰，不破坏公共卫生；不任意倾倒垃圾污物；室内要清洁整齐；室外要保持一百米以内清洁；个人每日要按时洗面、洗手、刷牙、漱口；要定时洗衣、理发、洗澡、剪指甲；不到厨房扰乱炊事、妨害食品卫生；不喝凉水，不乱吃零食。1939年5月，军委总卫生部又发布《卫生部门暂行工作条例》，对各级卫生组织、卫生工作进行部署。1941年5月，中央军委发布对当前卫生工作的指示。遵照军委总卫生部《暂行卫生法规》等，1938年9月中旬，晋察冀边区在山西省五台县耿镇河北村召开第一次全区卫生工作（扩大）会议，确定以眼病、白喉、皲裂、冻伤和呼吸道疾病为预防重点，并对部队个人卫生、公共卫生和防病宣传教育提出了具体要求。1939年到1942年间，晋察冀边区逐步制定各种统一的卫生制度，其中个人卫生规定包括洗脸、刷牙、剪指甲、理发、烫脚、洗澡、洗衣服、晒被子等；公共卫生方面有开展大扫除、大检查、厨房和厕所的清整等制度。到1942年1月，晋察冀根据地已经建立了包括报告制度、会议制度、会诊制度、服药制度等较为完整的卫生行政制度，以及较为严格的各季卫生条规、条令等，有力保障了根据地卫生防病工作的开展。

开展基本卫生常识宣传和教育。针对晋察冀根据地广大农村和山区经济文化落后，保守、迷信和不卫生的习惯并存的现状，广大卫生工作人员根据不同环境气候条件，按季节制订各种卫生宣传教育计划，编印各种卫生教材，采用不同形式（讲课、讲演、出黑板报、出画报等）进行宣传教育。如在预防传染病中，宣讲环境卫生、饮食卫生与传染病的关系，按季节推行清洁扫除、种牛痘和预防天花等，使广大群众逐渐了解预防胜于治疗的道理。根据地还出版和发行各种卫生类报刊予以配合，军区政治部主办的《抗敌报》在1941年3月至6月刊登了《消灭春疫预防春瘟》《排除困难推进卫生运动》《广泛开展防疫工作》《卫生常识——伤寒》等文章，介绍了大量的卫生知识和典型经验。军区卫生部还于1942年8月创办了综合性医学刊物《卫生建设》杂志，发表各种卫生法规、卫生管理细则、卫生宣传和教育等材料数百篇，其中卫生防病、防毒等方面的文章约占三分之一，对推动根据地的卫生防病工作，起了很好的指导作用。

实施各种卫生防疫办法。晋察冀根据地各级卫生部门还采取多种办法阻止疾疫的进一步传染与蔓延。一是组建各种医疗组和卫生防疫队（组），前往疫区进行各种传染病的防治工作。如1943—1945年间，晋察冀军区曾组织部分医药卫生人员，先后在阜平、易县、行唐等地开设“新华药房”，为当地群众防治疾病、培训农村卫生员、建立基层防病机构，深受群众欢迎。整个抗战时期晋察冀根据地共组织了40个医疗队（组），经治病人23万余名，有效地制止了疾疫蔓延。二是创办药厂，加紧各种防疫药品和药材等的生产和投入使用。1939年7月，晋察冀军区卫生部即在河北省行唐县花盆村组建了卫生材料厂，主要任务是采集常山、葛根等草药，晒干备用。1942年10月以后该厂并入伯华制药厂。仅据伯华制药厂八年抗战期间的不完全统计，该厂共生产药材约48.5万磅，注射液170.9万支，膏剂68.1万帖，其药品的70%均为自制品。晋察冀边区军民还广泛采用一些有效的土方和疗法，如用猪牙草煎汤以作利尿药，酸枣汤代替清凉剂，对肠炎、下痢则采用烧砖烧瓦暖腹部等办法，以克服药品之不足。三是组织中医下乡为群众治病。1941年6月，晋察冀军区卫生部副部长杜伯华发表文章，提出中医有丰富的经验，能治好许多西医无法治疗的疾病；必须克服轻视中医的思想，中西医应有同等地位等。抗战期间根据地党和政府积极动员中医力量，大量自采自制中草药，征集民间药方，有力支援了根据地地方卫生防疫工作。

开展广泛的群众性卫生运动。1939 年夏季，边区连日暴雨，冀中许多河流决堤，加上日寇侵袭，导致一些地方疫病大流行。9 月 30 日，晋察冀军区发出冀字第九号训令，军区党报《抗敌三日刊》发表《向疾病现象作斗争》，要求全区部队广泛开展卫生运动，以最大力量来坚决同疾病现象作斗争，彻底消灭病源。1941 年 2 月，《抗敌三日刊》又发表《开展卫生运动》，号召边区军民用一切努力开展卫生运动，战胜病菌之侵袭。1942 年 1 月，晋察冀边区卫生部代理部长游胜华在边区卫生会议报告中，也要求发动全边区人民卫生运动，保障边区人民的健康。在晋察冀根据地党和政府的大力动员下，各地掀起了广泛的群众性卫生运动。1944 年太行区行唐县开展除害虫、害鸟、害兽运动，当地居民牛国材一人即捕杀老鼠 730 只。

这一时期，虽然因日寇频繁扫荡、灾荒和其他因素影响，晋察冀抗日根据地还未形成完整的防疫体系，但根据地积极的卫生防疫举措有力保障了民众的健康和生命安全，巩固了根据地的社会稳定。据 1942 年和 1944 年晋察冀根据地葛公村、柏崖村等的健康调查显示，经过几年努力，人民生活和医疗卫生条件得以改善，健康人口大幅增加。同时，根据地卫生防疫工作还转变了民众的卫生观念，增进了民众对边区政府和军队的政治认同。

资料出处：

李洪河：《晋察冀抗日根据地的疾疫应对》，《光明日报》，2020 年 4 月 15 日。

（二）问题思考

怎么看待抗日战争时期党对疾疫的应对？

（三）案例分析

新民主主义革命时期，受动荡局势和战争环境等的多重影响，我们党在这一时期并未建立起现代意义上的突发事件应急管理机制。但若结合突发事件的定义、历史事实的客观发展进程，我们党对多次“事变”和“事件”的措置，可被视为突发事件应对。这一时期中共领导人已经在思考如何在领导革命的实践中逐步加强应对突发事件的能力，也积累了防范化解风险的宝贵经验。

（四）教学建议

本案例建议在第六章第四节教学中使用，突出党面对危机的应对能力。

以上四个典型案例都是从不同的侧面反映出来，国民党蒋介石一贯善于玩弄两面手段，采取片面抗战，一面高喊抗战到底，一面瞒着民众实行对人民群众生命财产有极大危害的军事行动，使得民众对一些事情产生过于乐观的情绪，疏于防范，导致大批民众群死群伤，造成许多人间惨剧。这就使得国民党的作为与民众的期盼渐行渐远，一步步彻底失去民心，直接导致了在解放战争短短三年多时间里，秋风扫落叶般地败走台湾的结局。

第七章　为新中国而奋斗

一、教材分析

（一）教学目的

本章的教学目的是使学生掌握抗日战争胜利后的基本概况，从中理解毛泽东赴重庆谈判的英明决策。进一步了解中国共产党为争取和平建国的诚意以及彻底打败美蒋反动派的决心和信心，正确认识中国共产党领导多党合作和政治协商格局的形成。深刻理解中国共产党执政地位的确立是历史和人民的选择。

（二）教学重点难点

【教学重点】

1. 抗战胜利后国民党政府陷入全民包围中并迅速走向崩溃的原因。

2. 中国革命胜利的原因和基本经验。

3. 中国共产党执政地位的确立是历史和人民的选择。

【教学难点】

1. 中国共产党为什么能以弱胜强打败国民党？

2. 为什么说中国共产党执政地位的确立是历史和人民的选择？

（三）基本知识结构

第七章《为新中国而奋斗》知识点层级关系		
一级知识点	二级知识点	三级知识点
为新中国而奋斗	从争取和平民主到进行自卫战争	中国共产党争取和平民主的斗争
		国民党发动内战和解放区军民的自卫战争
	国民党政府处在全民的包围中	全国解放战争的胜利发展
		土地改革与农民的广泛运动
		第二条战线的形成与发展
	中国共产党与民主党派的合作	各民主党派的历史发展
		中国共产党与民主党派的团结合作
		中国共产党领导的多党合作、政治协商格局的形成
	创建人民民主专政的新中国	南京国民党政权的覆灭
		中国革命胜利的原因和基本经验

二、典型案例

【案例 1】解放石家庄战役（1947 年 11 月 6 日至 12 日）

（一）案例文本

1947 年 10 月 22 日，即清风店战役结束的当天，聂荣臻和刘澜涛致电中央军委和驻西柏坡的中央工委，建议乘胜夺取石门。23 日，刘少奇、朱德复电同意，并建议中央军委批准。同日，毛泽东主席批准了“以攻打石门打援兵姿态，实行打石门”的作战计划。

10 月 27 日，朱德总司令亲临野战军前线部队，听取前线指挥员汇报，研究战略部署，解决疑难问题。10 月 30 日，朱德参加前线部队召开的炮兵、工兵会议，重点研究了城市攻坚战术。鉴于我部队装备落后、重武器少的情况，朱德和指战员探讨了如何进行坑道作业和运用炮兵火力炸毁敌人工事，以及炮兵、工兵、步兵配合问题。10 月 31 日，朱德又参加了晋察冀野战军司令部召开的旅以上干部会议，与前线指挥员共同研究作战部署，并提出“勇敢加技术”的口号。会后，我野战军干部立即回部队，进行思想动员和组织战前训练。

11月1日，野战军司令部经过多次研究，制定并发出了作战命令，其战役部署是：由郑维山、胡耀邦指挥的三纵3个旅，开往石市西南，准备从市西南方向发起进攻；由曾思玉、王昭指挥的四纵3个旅，开往石市东北，准备从市东北方向发起进攻；由唐延杰、王平指挥的冀晋兵团独一、二旅和四分区部队，准备从市西北方向发起进攻；由周彪、李天焕指挥的冀中兵团独七、八旅和十一分区部队，准备从市东南方向发起进攻；由高存信、李呈瑞指挥的晋察冀炮兵旅配合各部队攻城。为防止元氏之敌撤入市内，派冀中兵团一部和太行一分区的两个团，对元氏敌人实行战略包围。为配合石门攻城，以陈正湘、李志民指挥的二纵3个旅和第三、九军分区部队，集结于定县南北地区，构筑四道防御阵地，以阻击平、津、保增援之敌。其他各区部队也在原地集结，在大清河北和平保路北端，破坏交通，防敌南援。

在部队战前部署演练的同时，石家庄地区的人民群众和晋察冀边区各地军民也广泛开展了支前运动。在短短几天的时间里，就组织民兵1.1万余人，民工8.2万余人，担架1万余副，大车4000余辆，牲口1万余头。为前线部队运送炮弹8万余发，运各种枪弹150万发，运炸药6万斤，运攻城器材和主副食品10余万斤。石门周围各区城工部和石门工作委员会，也及时向市内几百名地下中共党员和地下工作者布置任务，分头行动，选派得力人员为解放军带路，为部队绘制敌城防工事图，配合解放军攻城。市内驻军的军情变化，都能及时向部队报告。

11月6日零时，解放石门战役打响。野战军司令部制定的战役进程计划是：先扫外围，攻占四郊，依托村庄，改造地形，从地面伸展交通壕，构筑进攻阵地。尔后，突破外市沟、内市沟，展开巷战，猛插敌人核心工事，全歼守敌。各部队按预定任务，仅半夜工夫基本扫清了外市沟之外敌据点，只剩市西北的大郭村飞机场和市东北的云盘山暂时未能攻下。

飞机场四周设有壕沟和坚碉，附近几个村也筑有据点，纵深达 10 余里，驻守在这里的是刚从保定运来的独立团和原三军的高炮营。负责主攻任务的是冀晋兵团独一旅，在旅长曾美指挥下，一团主攻机场及大小安舍据点；二团助攻，清扫外围的岳村、于底和大郭村等据点；三团为旅第二梯队。经一夜激战，一团攻克了小安舍。黎明，大安舍、西三庄和飞机场之敌，从四面向小安舍反击，突击部队后路被切断。上午 10 时，敌出动 6 架飞机，在小安舍上方低空扫射、轰炸。营部命令各连“死守阵地，坚持一天一夜，争取主力进入战斗”。与此同时，一团攻下了大安舍，减轻了小安舍我军的压力。7 日拂晓，独一旅调整部署，发起攻击，清扫机场内外之敌，攻克飞机场。

云盘山是一个高出地面四五丈，方圆约六七十丈的大土丘。日军和国民党军在此驻守多年，从山顶到山腰，用钢筋水泥修筑了 13 个明碉暗堡的 3 层碉堡群，全有壕沟连接。石门守敌曾炫耀：“铁打的云盘山，坚不可摧”。四纵把夺取云盘山的任务交给了十旅，在旅政委傅崇碧的指挥下，三十团三营担负突破任务。7 日下午 5 时，九连在炮兵掩护下，向云盘山发起进攻，遭敌人火力压制，连长和不少战士光荣牺牲。三十团又重新调整部署，改由八连主攻，并调火炮和轻重机枪协同作战。8 日晨 6 时，再次发动攻击，爆破手用炸药在第一道壕沟上炸开一个缺口，八连突击队从突破口冲向第二道壕沟，迅速攻占了云盘山。

8 日下午 4 时，人民解放军向外市沟发起进攻。三纵七旅在敌西兵营附近发起攻击，在炮火与爆破密切配合下，很快占领敌人的前沿阵地。七旅二十团首先突破外市沟，向两翼发展，占领西焦、西里。二十一团占领城角庄、酒精公司。八旅二十二团从西三角北面突破，二十三团从振头西面突破，两个团钳击振头据点。守敌赵县保警大队被全歼。与此同时，四纵十旅在市东北也突破外市沟，占领范谈村、花园村、义堂、吴家庄、八家庄。十二旅从东面突破，包围了范村据点。冀晋兵团从西北角突破，占领柏林庄、高柱、市庄、钟家庄，包围了北焦据点。冀中兵团从东南方突破，占领东三教、槐底，包围了元村据点。

外市沟被解放军攻占后，国民党主力部队抢修加固工事，解放军和民兵也加紧土工作业，用堑壕、交通沟接近内市沟，在选定的突破口上设法埋好炸药，做好了爆破的准备。10日下午4时，总攻内市沟战斗打响。三纵七旅主攻，八旅助攻，九旅作第二梯队。八旅二十三团爆破成功，全线第一个突破内市沟。三纵其他各旅也从这个突破口冲过市沟，攻入市区。四纵以十旅、十二旅为第一梯队，十一旅为第二梯队，在宽约600米的内市沟的地段上投入6个突击连队，并集中全纵队80门大炮支援突击。十旅二十九团采用战士们新发明的折叠式合页梯过沟攻碉，用连环雷加米袋炸药炸毁敌铁丝网和碉堡，完成了突破任务。十旅三十团用数十根60米长的粗麻绳系着数十个炸药包吊在沟壁上爆破，炸开豁口，也攻入市内，并占领任栗村。与此同时，四纵其他各旅和冀中、冀晋部队也先后突破内市沟，与敌展开巷战。八旅二十三团消灭了敌西南兵营的守敌。九旅沿北马路东进，会同冀晋兵团和四纵十旅一部，聚歼了火力较强的北兵营守敌。各部队沿市区主要街道破墙穿院，向敌人的核心工事火车站、大石桥、正太饭店节节推进。

11月11日夜晚，各部队在向敌核心工事进击时，四纵十旅三十团一营二连行动最快，从北道岔向大石桥穿插时俘敌军二人，得知敌人正在向核心工事收缩兵力准备突围。于是该连冒充敌军，在夜幕掩护下直捣大石桥敌指挥部。敌守备司令刘英正召集团长以上人员开会，未料到解放军从天而降。刘英趁混乱一头钻进床下，但还是被二连的战士从床下揪了出来，押往铁路大厂水塔下的营部指挥所。前线指挥所立即派十旅政治委员傅崇碧突击审讯刘英，迫使刘英向部队下达了投降命令。在四纵活捉刘英的同时，三纵已打到核心工事。七旅二十团一营二连直插大石桥北侧，一个班就俘虏敌500多人，缴获坦克4辆、火炮3门、汽车24辆。各部队先后攻克了火车站、大石桥周围敌据点，核心工事只剩正太饭店未攻克。

12日拂晓，刘英缴械投降书送到正太饭店后，孤守饭店的顽军打出白旗欺骗解放军，当解放军前往受降时，他们又用机枪扫射。12日上午8时，晋察冀野战军司令员杨得志发出总攻令，三、四纵进攻部队向正太饭店展开最后的攻击。三纵二十三团指战员，用集束手榴弹炸开正太饭店大门，冲进楼内，其他部队也相机攻入。经过两小时激战，活捉敌九十四团正副团长，押出俘虏1000多名。与此同时，被冀中部队和三十六团包围了三天的范村据点之敌，也被迫投降，东进指挥部上校李春国以下1700人被俘。至12日中午，激战六昼夜，石门守敌两万余人，除少部突围到沙河被二纵消灭外，其余全部被歼，石门宣告解放。

资料出处：

1. 记工：《解放石家庄》，吉林文史出版社，2006年版。
2. 舒云：《石破天惊：解放石家庄纪实》，军事科学出版社，1997年版。

（二）问题思考

1. 解放石家庄对中共战略的调整来说意味着什么？
2. 石家庄在收复后是如何开展城市建设工作的？

（三）案例分析

石家庄是中国人民解放军攻克的第一座大城市。这意味着，20 多年来，一直坚守在农村闹革命、农村包围城市的中国共产党，开始接管城市。石家庄由此成为中国共产党管理城市的试验田，为党的工作重心从农村向城市转移，提供了十分有价值的经验和模本。

实际上，石家庄的区位优势，决定了它的政治、军事地位。审视石家庄历史，在古代，无论是从东垣城到常山郡治，还是从真定国王都到真定、正定府城，都雄踞滹沱河南北两岸，扼燕晋，控中原，以兵家必争之地，成为石家庄的历史“亮”点。到了近代，它处于平汉、正太、石德铁路的交汇点，成为重要交通枢纽。因此，侵华日军格外看重石家庄，不仅派驻重兵，而且连年加修工事，抢修铁路，把石家庄作为侵华的战略据点经营。日本投降后，国民党派兵抢占了石家庄，一个军驻扎石家庄，继续加修工事，妄图长期固守。人民解放军攻克石家庄，不仅切断了南北交通，而且使我晋察冀和晋冀鲁豫两大根据地连成一片，从根本上扭转了华北战局。

攻克石家庄，这是中国人民解放军在战略反攻中攻克的第一座城市，中国共产党吹响了向城市进军的号角，开始了夺取、接管、建设城市的新的伟大的事业。这是当时中国两大政治势力决定中国命运决战的一个分界线，也是一个起点。不仅表明中国共产党已经赢得了这场决战棋局中的主动权，而且迈出了具有战略转折意义的步伐。这是中国革命的根本转折——从农村到城市，从局部胜利到全局胜利。

石家庄人民政府是中国共产党在工作重心转移时建立的第一个城市政权，作为中国共产党城市工作的实验田，为中国革命从农村向城市的战略转移积累了经验，提供了样本；这也是新中国成立前，第一个召开城市人民代表大会选举的人民政权，提供了全国实行人民民主的范例，开启了中国共产党走向执政地位的历史进程。当中国共产党最终立足城市，便完成了自身历史角色的转变：从革命党转变为执政党。城市人民政权建设的实践，正是这种角色转变、执政地位确立和巩固的历史过程。建立稳固的、完善的、团结民主的城市人民政权，是中国共产党确立和巩固执政地位的基础。

（四）教学建议

本案例建议在第七章第二节教学中使用，强调这是战略反攻的重要标志。

【案例 2】华北临时人民代表大会（1948 年 8 月 7 日至 19 日）

（一）案例文本

1948 年，各解放区总面积已达到 235.5 万平方公里，人民解放军已发展至 280 万人，人民解放战争进入夺取全国胜利的决定性阶段。在刘少奇的提议下，中共中央决定晋冀鲁豫及晋察冀两解放区合并为华北解放区。在解放区，由于人民民主政权的基础和性质的变化，原来“三三制”参议会政权组织形式逐步被人民代表会议所取代。华北临时人民代表大会就是在这样的历史条件下召开的。

酝酿阶段。晋察冀与晋冀鲁豫两解放区合并为统一的华北解放区后，华北局就两区政府合并事宜向中央提出了三种供选择的模式，即通过两区共同召开参议会联合会，或者两区政府联合召集华北人民代表大会，或者两区政府正副主席（或主任委员）、参议会正副议长举行联席会议，来产生一个统一的政府——华北行政委员会。中央考虑，两边区政府都是由

“三三制”的参议会选举成立的，合并两边区政府应当慎重稳妥，两区政府可以先联合办公，然后召开两区参议会驻会参议员联席会议，追认两区政府的合并，并责成其筹备召开人民代表大会，然后由人民代表大会产生华北人民政府。根据中央指示，1948 年 6 月 26 日，晋冀鲁豫和晋察冀两边区参议会驻会参议员举行联席会议，决定两区合并统一并召开华北人民代表大会，选举成立华北人民政府。会上有的参议员认为华北仍处战时，此次大会的召开也显急促，建议大会增加“临时”二字以便留有余地，这一建议也获得一致通过。

筹备阶段。两边区参议会驻会参议员联席会议作出召开华北临时人民代表大会的决议后，中共中央华北局于 6 月 30 日发出通知，要求各行署及县、市政府于 7 月 20 日左右完成选举，当选代表于 7 月 30 日到达指定地点开会。7 月 11 日，晋冀鲁豫边区政府和晋察冀边区行政委员会联合发布《关于召开华北临时代表大会暨选举办法的决定》，对大会召开特别是选举事宜作了具体部署。各县市迅速开展代表选举工作，山西、河北、平原、察哈尔、绥远 5 省千百万人民群众参加了选举，选出区域代表 394 人，职业和团体代表 173 人，另外有政府邀请代表 31 人，代表共 598 人。大会筹备委员会以宋邵文为主任，平杰三为副主任。指定薄一波、杨秀峰、宋邵文、戎子和、张友渔五同志负责草拟准备提交大会的重要文件。

会议举行阶段。大会原定于 8 月 1 日开幕，由于 7 月 21 日以后连降四天大雨，各地交通不便，代表们不能如期到来，故将大会延期。当时为了保密和与会代表的安全，华北临时人民代表大会对外称作“石家庄生产工作会议”。

8 月 4 日，两边区政府负责同志出面邀请所有聘请代表（多数为党外人士）及各区代表团、各职业团体 1 名代表进行了座谈，交换了大会主席团产生的方式及成立代表资格、提案等审查委员会的意见。8 月 5 日至

6日举行预备会，主要商讨华北临时人民代表大会主席团产生的原则和名额，组织提案审查委员会和代表资格审查委员会，特别是对选举时是否设“怀疑票”等问题进行了激烈讨论。经代表联署提出候选人，由大会秘书处整理为候选名单提交大会举手表决，选举产生了董必武、聂荣臻、薄一波、彭真、滕代远、杨秀峰、宋劭文、成仿吾等33人组成的大会主席团，以及杨秀峰、万丹如、孟甫等11人组成的资格审查委员会。

1948年8月7日，华北临时人民代表大会在石家庄人民礼堂正式开幕。出席这次大会的代表542人，其中党员376人，非党人士166人，非党员代表占实到代表总数的1/3弱。大会首先由董必武致开幕词，中原军区邓小平作为来宾代表在会上讲了话，部队代表滕代远、回民代表何其宽、工运代表凌必应、法学专家陈瑾昆、民盟代表李何林、蒋管区学生代表等分别讲了话。8日，因晋察冀边区行政委员会工作报告没有准备好，临时宣布休会一天。9日至12日，分别由杨秀峰、宋劭文作了晋冀鲁豫边区政府及晋察冀边区行政委员会两年来的政府工作报告；聂荣臻作了华北军区两年来的军事报告；薄一波代表中共华北局作了关于华北区施政方针的建议报告；杨秀峰作了《华北人民政府组织大纲草案》说明；谢觉哉作了《村、县（市）人民政权组织条例草案》及《村、县（市）人民代表选举条例草案》说明，通过了以上各种报告、建议和提案审查委员会。13日至15日，各审查委员会及小组举行会议。16日、17日，各审查委员会报告工作，大会讨论。18日选举政府委员。19日，大会闭幕。

资料出处：

1. 中共中央党史研究室：《中共中央移驻西柏坡前后》，中共党史出版社，1998年版。

2. 王聚英：《最后一个农村指挥所：中共中央移驻西柏坡史》，中央文献出版社，2001 年版。

3.《董必武传》撰写组：《董必武传：1886—1975》，中央文献出版社，2006 年版。

（二）问题思考

1. 中共中央召开华北临时人民代表大会的战略目的是什么？

2. 华北临时人民代表大会的重大历史意义是什么？

（三）案例分析

华北临时人民代表大会是中国民主革命历史上划时代的一次大会，具有重要意义和深刻影响，其中的许多做法，一直延续到了今天的各级人民代表大会之中，是全国人民代表大会的前奏和雏形。

华北临时人民代表大会是在华北区政权组织机构逐步改革走向统一的基础上召开的。在中共中央决定要合并晋察冀与晋冀鲁豫两区以后，为了使华北人民政府的成立具备完备的民主手续，决定分三个步骤展开：首先是南北两边区政府实行联合办公。其次是召开两区参议会驻委会联席会议并通过两项决议：一是两区政府完全合并，追认两区政府联合办公为完全合并的过渡步骤，二是由业已联合办公的两边区政府负责筹备召开临时华北人民代表大会，以产生华北统一的政府。最后是召开临时的华北人民代表大会产生正式政府。没有规矩不成方圆。在会议中形成了各种以前未有或还没有清晰的各种制度，如召开预备会和选举主席团制度，组织代表资格审查制度，设立代表提案制度和组织提案审查委员会，政府、军事工作报告和各项法律草案的说明制度，政府委员选举制度。这些制度奠定了新中国人民代表大会各项具体制度的基础。

这次共确立 10 种类型的代表，在代表的产生方式、党派构成等方面的许多做法，一直延续到了今天的各级人民代表大会之中。大会的许多做法，比如会前必须充分准备，要使大会与群众活动相结合，团结与斗争两者不可偏废，候选人名单应该于开会前考虑好，要加强党员政治理论及斗争策略的教育等，有的一直延续到了现在。正如董必武在大会开幕时所强调的："它是一个临时性的，而且也是华北一个地区的。但是，它将成为全国人民代表大会的前奏和雏形。"

（四）教学建议

本案例建议在第七章第四节教学中使用，强调党对时局的科学判断。

【案例3】七届二中全会（1949年3月5日至13日）

（一）案例文本

在中国人民解放战争即将取得全国胜利的前夕，1949年3月5日至13日，中共中央在河北省平山县西柏坡村召开了七届二中全会。出席会议的中央委员有：毛泽东、刘少奇、朱德、周恩来、任弼时等34名中央委员以及19名中央候补委员。全会由毛泽东、刘少奇、朱德、周恩来、任弼时组成主席团，轮流主持会议。

毛泽东主持了开幕会议，并于3月5日代表中央政治局作了《在中国共产党第七届中央委员会第二次全体会议上的报告》。朱德、刘少奇、周恩来、任弼时等27人在会上发了言。会议着重讨论了毛泽东的报告，通过了《中国共产党第七届中央委员会第二次全体会议决议》。全会批准了1945年6月党的七届一中全会以来中央政治局的工作，认为"中央的领导是正确的"；全会批准了1949年1月14日毛泽东主席对时局的声明；全会批准了由我党发起召开新政治协商会议及成立民主联合政府的建议。会议还通过了《关于军旗的决议》，规定中国人民解放军的军旗应为红底，加五角星，加“八一”二字。最后，毛泽东代表中央政治局对全会作了结论报告。结论报告总结了“党委会的工作方法”的12条经验，强调要发扬党内民主，加强集体领导，改进工作作风和工作方法。号召各级干部要学好马列的12本书。会议决定了以下几个方面的问题：

1. 确定了促进革命迅速取得全国胜利的各项方针。会议认为，今后解决国民党残余军队的方式，“不外天津、北平、绥远三种”。“天津方式”，即用战斗去消灭敌军的方式；“北平方式”，即和平改编国民党军队的方式；“绥远方式”，即暂时维持原状，以后再改编敌军的方式。当前首先必须采取的还是“天津方式”，但后两种方式也不能忽视，必须认真学会和平斗争的方式。会议认为，在进行军事斗争的同时，还必须积极开展政治斗争，无论在军事和政治斗争中，都应把原则的坚定性同策略的灵活性紧密结合起来。为了适应斗争的需要，必须培养大批革命干部，要把人民解放军看成培养干部的学校，准备把210万野战军全部转化为工作队。

2. 决定将党的工作重心由乡村转到城市。会议认为，从1927年大革命失败到现在，由于敌强我弱，党的工作重心一直在乡村。在乡村开展武装斗争，发动农民实行土地革命，建立革命根据地，为夺取城市作好了准备。现在经过辽沈、平津和淮海三大战役后，敌我力量发生了根本变化，继续采取农村包围城市的工作方式已经不适应了。从现在起，党的工作重心，应该由乡村转向城市，实行由城市领导乡村的工作方式。当然城乡必须兼顾，必须使城市工作和乡村工作、工业和农业、工人和农民紧密地结合起来，巩固工农联盟，绝不可只顾城市而丢掉乡村的工作。

会议根据毛泽东的报告精神，着重讨论了如何实现党的工作重心转变的问题。认为党必须用极大的努力学会领导城市人民进行胜利的斗争，学会管理城市和建设城市。在领导城市人民的斗争中，党必须依靠工人阶级，团结其他劳动群众，争取知识分子，争取尽可能多地能够和共产党合作的小资产阶级、自由资产阶级及其代表人物站在一条战线上，以便向帝国主义、国民党反动派和官僚资产阶级作坚决的斗争。会议认为，管理和建设城市的中心任务和关键问题是恢复发展工业生产。首先，是公营企业的生产；其次，是私营企业的生产；再次，是手工业生产。城市中的其他工作，都应该为恢复和发展工业生产这一中心工作服务。全会号召“全党同志用全力学习工业生产的技术和管理方法，学习和生产有密切联系的商业工作、银行工作和其他工作”，并使工人和一般人民的生活有所改善，否则，“党和人民就不能维持政权，就会站不住脚，就会要失败”。

3. 决定了党在全国胜利后的一系列基本政策。毛泽东在报告中指出：“中国革命在全国胜利，并且解决了土地问题以后，中国还存在着两种基本的矛盾。第一种是国内的，即工人阶级和资产阶级的矛盾。第二种是国外的，即中国和帝国主义国家的矛盾。”会议根据毛泽东关于全国胜利后两种基本矛盾的分析，规定了党在政治、经济、外交等方面的基本政策。在政治方面，必须巩固和加强人民民主专政的国家政权。为此，党要认真团结全体工人阶级、全体农民阶级和广大革命知识分子，作为这个专政的领导力量和基础力量。同时，也要认真团结广大城市小资产阶级和民族资产阶级，以便结成更广泛的统一战线，反对共同的敌人，建设伟大的社会主义国家。全会认为，必须坚持同党外人士长期合作的政策。在经济方面，会议根据全国胜利后还存在着各种经济成分这一客观事实，认为必须首先没收官僚资本为国家所有，使无产阶级掌握国家的经济命脉，使这种社会主义性质的国营经济成为整个国民经济的领导力量。如果忽视了这一点，就要在经济政策上犯右的错误。对于占现代工业第二位的私人资本主义经济，必须采取利用和限制的政策。就是说，要利用它的积极性，以利于国民经济的恢复和发展，但必须限制它的消极方面，将其纳入国家经济政策和经济计划的轨道。对于农业和手工业经济，必须谨慎地、逐步地而又积极地引导他们通过合作社的形式，向着集体化和现代化的方向发展。在外交方面，我们应按照平等的原则同一切国家建立外交关系，但对敌视中国人民的帝国主义者决不给他们在中国的合法地位。我们应学会同帝国主义作外交斗争。我们既要同社会主义国家做生意，也要同资本主义国家做生意。

4. 强调要加强党的思想建设，防止资产阶级思想的腐蚀。会议认为，在伟大的胜利面前，党的骄傲情绪，以功臣自居的情绪，停顿起来不求进步的情绪，贪图享乐不愿再过艰苦生活的情绪可能滋长。同时，由于胜利，人民感谢我们，资产阶级也会出来捧场。这样，有一些共产党员将可能在资产阶级糖衣炮弹面前打败仗。为了预防这种情况的发生，会议号召全党同志要牢固地树立无产阶级的世界观，防止骄傲自满情绪，警惕资产阶级糖衣炮弹的袭击。要认识到夺取全国胜利，这只是万里长征走完了第一步。今后的路程更长、工作更伟大、更艰苦。因此，必须继续地保持艰苦奋斗的作风。

最后，全会根据毛泽东的建议，提出了防止资产阶级腐蚀的反对突出个人的六条措施：一、不给党的领导祝寿。二、不送礼。三、少敬酒。四、少拍掌。五、不用党的领导者的名字作地名、街名和企业的名字。六、不要把中国同志和马、恩、列、斯平列。

资料出处：

《毛泽东选集》第四卷，人民出版社，1991 年版。

（二）问题思考

1. 中共中央召开七届二中全会的出发点是什么？

2. 怎么看西柏坡精神的形成和时代意义？

（三）案例分析

七届二中全会首次提出加强党的建设，提出“两个务必”——务必使同志们保持谦虚谨慎不骄不躁的作风、务必使同志们保持艰苦奋斗的作风。党的建设是一个伟大工程。

在中国革命转折关头召开的党的七届二中全会，具有重大的历史意义。这次会议描绘了新中国的宏伟蓝图，确定了新中国的大政方针，为促进和迎接全国胜利的到来，为推动和发展新中国的各项建设事业，保证中国由新民主主义向社会主义的转变，从政治上、思想上和理论上作了充分准备，具有巨大的指导作用。

七届二中全会是解放战争时期中共召开的唯一的一次中央全会，会议作出的各项政策规定，不仅对迎接中国革命的胜利，而且对新中国的建设有重大作用。

（四）教学建议

本案例建议在第七章第四节教学中使用，突出党对新中国蓝图的绘制。

【案例 4】冀南区南下干部（1949 年 3 月至 9 月）

（一）案例文本

冀南区南下干部是根据中共中央和华北局的指示，由冀南区各级领导班子一分为二抽调的，共组成 1 个南下区党委（含行署和军区机构，下同），6 个南下地委（含专署和分区机构，下同），每个南下地委组建 5 个南下县委（含县政府机构，下同），共30个县的架子，每个南下县委组建6～7个区级机构，共4000余人（其中干部3500余人，后勤服务人员500余人）。各地委人员来源是：一、二、三、四、五地委，分别由原临清、夏津、肥乡、南宫、衡水地委抽组，六地委为新组建的，由原冀南区所属五个地委各抽组一个县委建制组成所辖县建制，六地委机关的组成人员则由区党委直属机关和各地委机关分别抽调。冀南南下区党委领导班子于1949年春节前后组成，区党委书记王任重，副书记乔晓光，组织部部长郭森，宣传部部长高元贵，秘书长韩宁夫。冀南南下区党委及其所属各地委和县委建制组成后，为适应随军南下的形势，编为中国人民解放军冀南支队（南下区党委）、大队（南下地委）、中队（南下县委）等建制，原冀南军区参谋长孙卓夫任冀南支队司令员，原冀南区武委会副主任韩克华任支队参谋长。

1949年3月初，冀南区全体南下干部，先后赶赴河北省威县集中。根据区党委决定，以地委为单位步行赶去威县县城东郊方家营一带村庄整编，参加学习和军事训练。3月29日上午，冀南行署在方家营镇举行了欢送南下干部大会。4月初，在冀南南下区党委的率领下，全体南下干部以地委（大队）为单位，于4月3日和4日先后徒步南下，于4月中旬先后步行赶到开封以南的一带村庄，待命学习一个多月。5月下旬由于形势发展很快，中共中央和华中局调整了冀南支队南下去向，由原定去江苏、浙江一带改为一部分去湖北，大部分去湖南新区进行接管建政工作。其中五地委原建制的全体干部和区党委机关大部以及六地委的一部分人员共600多人，由王任重、高元贵、韩宁夫以及韩克华、苏钢等同志带领区湖北省，这部分人员于5月底和6月初离开河南去湖北。一、二、三、四地委和六地委的一部分共3400多人，确定去湖南工作。去河南开封学习待命期间，根据华中局和南下湖南省委的指示，在组织和建制上进行了调整，重新组建为两个地委建制，计划进入湖南的常德、益阳两个地区，区党委机关100多人去省直机关，同时调出两个县建制去邵阳地区。具体调整方案是：以二、四地委为基础，加上六地委一部分干部组成常德地委建制；以一、三地委为基础，加上六地委的另一部分干部组成益阳地委建制。由区党委组织部部长郭森带领100多人去省直机关，随南下湖南省委行动。六地委地委委员、社会部部长白连成，率领邯郸、肥乡、成安、临漳等县抽组的两个县建制人员，去邵阳地区工作，随南下邵阳地委一起南进。同时对原来各南下县建制亦作了相应的调整。

经过开封待命学习和组织调整后，冀南南下入湘人员即兵分两路向湖南进发。去常德地区的共1900余人，其中5月中旬在开封组建的先遣队250余人，随四野十三兵团行动，提前于5月20日出发，经漯河、新野到襄樊，在襄樊住了将近一月，乘船到达沙洋，与大队会合。大部分人员于6月中旬由开封出发，乘火车经徐州、蚌埠到南京，再坐船沿长江西进，经过一个多月的艰苦跋涉，先后于7月下旬或8月上旬进入相应的县市开展工作。其中地委、专署和分区机关共240多人，7月下旬进驻常德市。由地委委员、县委书记赵立春，县长李志刚带领180多人，于8月2日到达澧县；由地委委员、市委书记兼市长栗汇川，副书记肖寒，副市长郗光华带领140多人，于8月3日到达津市；由县委书记张黎民、县长康日新带领140多人于8月3日到达石门县；由地位委员、市委书记兼市长赵墨轩，副书记董峰带领170多人，于8月4日到达常德市；由县委书记杨子云，副书记雷隆，县长丁少之带领140多人，于8月5日到达临澧县；由县委书记霍俊峰，县长张勇带领210多人，于8月6日到达常德县；由县委副书记（主持工作）徐敬民，县长郝义武带领140多人，于8月8日到达安乡县；由县委书记郭毅、县长杜梅森带领120多人，于8月9日到达慈利县；由地委委员、县委书记卢青云，县长李铁峰带领140多人，于8

月12日到达桃源县；由地委委员、县委书记纪照青，县长石新山带领150多人，于8月15日到达南县；由县委书记史伦、县长赵吉甫带领120多人，于8月17日到达华容县。

南下常德地委离开河南时，全体女同志留在开封，组成留守处，由地委组织部部长柴保中负责。待南下入常人员分别到达目的地，接管建政工作有了初步头绪后，在地委的统一组织下，于9月下旬将留守人员接来湖南，在国庆前后分赴各县市和地直有关单位工作。

南下益阳地委率干部和服务人员1100多人，于6月中旬乘火车离开开封到达武汉，在那里进行了一个多月的学习和修整。8月9日，南下去益阳地区的人员从武汉出发，分乘6艘轮船沿长江经洞庭湖和资江，于8月14日到达地委、专署和分区所在地益阳市，地直机关人员随即展开工作，分配去各县的人员也于8月20日前后到达目的地。由县委书记张力耕、副书记孔空、县长董早冬带领140多人，于8月18日进入益阳县；由地委书记、县委书记李瑞山，副书记吴玉玺，县长张继元带领150多人，于8月25日到达宁乡县；由县委书记刘洪源、副书记崔强、县长宋子兴带领140多人，于8月20日到达湘乡县；由地委委员、县委书记梁向明，县长刘亚南带领140多人，于8月下旬到达汉寿县；由地委委员、县委书记李哲，县长侯鸿业带领150多人，于8月下旬抵达沅江县；由县委书记王俊丞、县长曾广成带领190多人，于8月30日到达安化县。

南下益阳地委离开河南时，考虑到新区工作的艰苦和女同志的特殊困难，决定女同志编为两个中队，留在河南开封学习待命。当新区接管工作告一段落后，这部分人员由南下二地委妇联主任刘英带队，于11月到达益阳，不久后分赴各地工作。由冀南南下区党委组织部部长郭森带领的区党委机关100余人，开封整编后即与湖南省委一起随军南下，郭森任中共湖南省委组织部副部长，其余人员分配去省直有关部门工作。由白连成带领150多名南下人员，随南下邵阳地委于8月中旬到达长沙，待命学习一个月以后，于10月进入邵阳地区，白连成任邵阳地委委员、组织部部长，县委书记尹之席、副书记张滨清、县长赵文光带领120余人去新化县工作。

至此，冀南南下区党委3400多名入湘人员，历时半年多，行程数千公里，胜利地完成了南下入湘的伟大历史使命。

资料出处：

1. 刘勇：《冀鲁豫边区干部南下文集：人物卷》，山东人民出版社，2015年版。

2. 刘勇：《冀鲁豫边区干部南下文集：综合卷》，山东人民出版社，2015年版。

3. 刘勇：《冀鲁豫边区干部南下文集：回忆卷》，山东人民出版社，2015年版。

4. 刘勇：《冀鲁豫边区干部南下文集：名录卷》，山东人民出版社，2015年版。

（二）问题思考

1. 南下干部的历史使命是什么？

2. 南下战略的制定对城市收复工作意味着什么？

（三）案例分析

南下是解放战争时期中共中央所作出的一项重大战略部署，与南下紧密相伴的一个历史现象是南下干部群体的出现。南下干部特指解放战争时期和新中国成立初期随军南下的北方老解放区干部。历史证明，南下干部在发动群众、剿匪锄霸、土地改革、发展生产、筹粮支前、民主建政等方面都作出了巨大贡献，南下干部是中国共产党宝贵的政治资源。

伟大的事业需要伟大的精神，伟大的精神推动伟大的事业。中国革命、建设、改革的实践充分证明，共同信仰坚定，就能凝聚起无坚不摧、战无不胜的伟大力量。南下精神作为中国共产党人崇高信仰的载体和呈现，历经岁月淘洗却从不褪色，历尽千难万险却从不动摇，其意义已不能仅仅局限于当时的历史时代，而已经凝练、熔铸成一种跨时代、超时空的伟大力量。当今时代，世情、国情、党情发生了深刻变化，思想文化多元多样，社会管理形势十分复杂。面对前所未有的新形势，我们尤其需要发扬南下精神，坚定马克思主义信仰，用崇高信仰铺陈的基本底色和先进基因澄清思想、砥砺品质，凝聚力量、铸就正气，从而进一步坚定中国特色社会主义的信念，进一步增强改革开放和现代化建设的信心，进一步密切党和人民群众的血肉联系，更好地凝聚起全党全民族共同信仰的伟大力量，推动中国特色社会主义伟大事业不断向前迈进。

（四）教学建议

本案例建议在第七章第四节教学中使用，说明人民解放军在向全国进军过程中的政治举措。

第八章　社会主义基本制度在中国的确立

一、教材分析

（一）教学目的

本章的教学目的是使学生掌握新中国成立以后的基本国情，全面理解中国共产党领导各族人民进行社会主义改造的伟大实践，认识和了解社会主义改造的伟大功绩及其经验教训。

（二）教学重点难点

【教学重点】

1. 新民主主义社会的政治、经济和文化特点。

2. 我国对农业、手工业的改造。

3. 我国对资本主义工商业的改造过程、经验和不足。

【教学难点】

1. 新民主主义社会的特征。

2. 社会主义制度是历史和人民的选择。

（三）基本知识结构

第八章《社会主义基本制度在中国的确立》知识点层级关系		
一级知识点	二级知识点	三级知识点
社会主义基本制度在中国的确立	从新民主主义向社会主义过渡的开始	完成民主革命遗留任务和恢复国民经济
		开始向社会主义过渡
	社会主义道路：历史和人民的选择	工业化的任务和发展道路
		过渡时期总路线反映了历史的必然性
	有中国特点的向社会主义过渡的道路	社会主义工业化与社会主义改造同时并举
		农业合作化运动的发展
		对资本主义工商业赎买政策的实施
		社会主义基本制度在中国的全面确立

二、典型案例

【案例 1】“三条驴腿”创奇迹——农业合作化运动

（一）案例文本

引　言

遵化县的合作化运动中，有一个王国藩合作社，二十三户贫农只有三条驴腿，被人称为“穷棒子社”。他们用自己的努力，在三年时间内，从“山上取来”了大批的生产资料，使得有些参观的人感动得下泪。我看这就是我们整个国家的形象。

——毛泽东《中国农村的社会主义高潮》1955 年 12 月

20 世纪 50 年代初，在全国的农业合作化运动中，涌现出了很多先进的集体，其中有一面我国农业合作化运动中的鲜红旗帜——河北省遵化县西铺村的“穷棒子社”。它以勤俭创业的非凡业绩，受到了毛泽东主席的表彰，被赞誉为“我们整个国家的形象”。那是 1952 年初的时候，遵化县西铺村村民通过和邻近的比较，发现办合作社的地方收成明显要好于自己，都纷纷要求办社。当地党委很快批准了西铺村办社的要求，并提出了稳步前进的方针，针对西铺社情复杂的情况，党委特别指示办社一定要注意坚决依靠雇农，从无到有，从小到大，坚持到底就是胜利。很快地，支部成员按照上级指示，分头深入下去做群众工作。对那些暂时还不愿入社的农户，采取说服教育和耐心等待的态度，决不强拉硬拽；而把贫下中农当作主要动员对象，凡是真心愿意入社的才吸收进来。经过几天的串联发动，报名入社的共有23户，绝大多数都是在旧社会扛活、讨饭、当劳工的贫苦农民。1952年10月26日，西铺的第一个农业生产合作社正式成立了，全社230亩土地，凑起来只有三条驴腿的牲畜股，没有农具，也没有车辆。

西铺村里的一些富裕户讥笑新生的初级农业合作社为“穷棒子社”，说什么“这群吃救济粮、领寒衣的骨干，凑在一块儿，早晚得穷得散架！”“浑水的泥鳅成不了龙！”面对这些冷嘲热讽，社主任王国藩在社员会上勉励大家：“有人讥笑我们是‘穷棒子’，我们就是‘穷棒子’，咱人穷志不穷，难不倒，穷不散！……咱只要发挥集体力量，把社办好，就自然听不到这种怪话了。”

有了雄心壮志，就有了迎战困难的勇气和办法。“穷棒子社”的社员打破了传统的旧习惯，变冬闲为冬忙，他们兵分两路：少部分壮劳力带领妇女老少做好春耕准备，三条驴腿不够用，就肩不离担，手不离锹，送粪、搂石、整地；以其余的壮劳力为主，组成一个19人的队伍，不顾天寒地冻，顶风冒雪，在隆冬季节远出30里外的王寺峪山上打柴，解决生产资料缺乏问题。他们在“没牛没马，从山上拉；没衣没米，从山上取”口号鼓舞下，吃的是稀粥白薯，穿的是开花棉衣，住的是透天草棚，十几个人合扯四条小被；有的人磨破了鞋，有的人扯破了衣，有的人碰伤了手脸，有的人甚至从坡上摔下来，但他们毫不畏缩，坚持苦干。20多天的战斗，凭着19双勤劳的手，打回4万多斤柴，卖得430多元。打柴换来的钱，全部用在了添置生产资料上面，根据社内的迫切需要，买了一头骡子、一头牛、19只羊、一辆铁轮车，还有一部分零星农具。从此，长峪山下出现了一派前所未有的大搞生产的动人景象：社干部劳动干在前头，活计专拣重的干，社员你追我赶，紧紧跟上。送粪缺车，扁担结队挑上山；耕地缺人，人拉耠子翻开地；春播缺种，求亲靠友来凑集，合作社终于适时种上了地。

“穷棒子社”从三条驴腿起家，依靠自己的力量，克服重重困难，赢得个丰收年，用事实对那些散布合作社要“穷散架”的人，作出了强有力的回答。

这一年粮食亩产达到254斤，超过互助组上年平均产量将近一倍，粮食总产量45800多斤，扣除集体留粮以后，平均每户分配的收入达190多元。老贫农王生摸着那些几乎没地方盛的粮食，激动得热泪盈眶，他说：“这是走毛主席、共产党指引的路才得到的，这条路我是走定了！”

“穷棒子社”一年中巨大变化的事实，使西铺村更多的农民看到了合作社的优越性，它像磁石一样，强烈地吸引着社外农民特别是那些比较贫困的农民的心，他们迫切地要求入社。按照党的过渡时期总路线的精神和上级党委的统一部署，西铺党支部积极领导扩社工作，到1954年秋天扩充增加到148户，除一户住在偏远山沟外，凡能入社的全取得资格，实现了全村合作化。

历史从这里又揭开新的一页。

资料出处：

訾辉：《被誉为“整个国家形象”的穷棒子社》，《中国档案报》，2003年8月22日。

（二）问题思考

1. 结合“三条驴腿”的事迹，谈谈在新中国成立初期农业合作化道路对于广大中国农民有什么意义。

2. 如何认识毛泽东讲的“穷棒子社”是“我们整个国家的形象”？

（三）案例分析

1. 农业生产合作社的必要性

1949 年，我国粮食产量为 11308 万吨，棉花 44.4 万吨。人均粮食只有 209 公斤，棉花 8.2 公斤。基本是一种自给半自给的自然经济，商品经济极不发达。人民处于食不果腹、衣不蔽体的艰难之中。新中国成立初期的土地改革是一场重大的社会革命，不是农业的经济革命，把土地的封建地主阶级所有制改变为农民所有制，并没有改变农业的生产模式。土地改革以后，农业生产摆脱了封建生产关系的束缚，一个时期有过相当大的发展。但是，土地的重新分配产生了大量分散的小农户，实行土地私有基础上的个体经营，这样又加强了农业生产发展的传统障碍。因为个体农户耕地很少，经营规模十分狭小；生产工具严重不足，贫雇农每户平均仅有耕畜 0.47 头，犁 0.41 部；资金十分短缺。在这种情况下，农民要兴修农田水利设施，平整土地和改良土壤，使用改良农具以至机器来进行耕种、播种、收获，实行分工制度来发展多种经营等，都有很大的困难，更缺少抗御自然灾害的能力。许多农户不仅无力进行扩大再生产，就连简单再生产也难以维持。如果不引导个体农民走组织起来的道路，不仅广大农民不能进一步改善自己的生活，而且农业生产力的发展会受到很大限制，农村也不可能为工业的发展提供必要的商品粮食、轻工业原料、工业品市场和积累工业发展的资金等条件，从而成为工业发展的严重制约因素。河北省遵化县（今遵化市）西铺村在互助协作结社前遭遇到的生产困境就是当时中国农业发展困难的一个缩影，生产基础极端薄弱，生产方式极端落后。在这样不利的情景下想迅速提高生产力，必须重组新的农业生产方式。

2. 农业生产合作社的可能性

在农业生产合作化运动中，中共党组织给予了很大的引导和支持。1949年中共七届二中全会决议指出，“在今后一个相当长的时期内，农业和手工业的基本形态，还将是分散的个体经济。但必须谨慎地、逐步地而又积极地引导它们向着现代化和集体化的方向发展”。1951年《关于发展农业生产合作社的决议》草案出台为河北省遵化县西铺村的发展指明了方向，协作互助在当年就取得了巨大成效。除了西铺村以外，在全国其他地方也有很多试行成功的案例，从1952年初起，《人民日报》集中报道了各地农业互助合作运动的进展情况，专题介绍了一批国营农村和农业生产合作社的经验。如吉林延边金时龙社、河北饶阳五公村的耿长锁社、河北平顺川底村郭玉恩社、东北松江桦川的星火集体农庄、湖北浠水的徐定学组、河北武安小冶陶村的互助组、黑龙江的模范村及吉村等。在政策指引与舆论导向下，农村干部与贫困农民的政治热情被激发，互助合作运动在1952年得到了飞速发展。

1953年12月，中共中央通过《关于发展农业生产合作社的决议》，总结互助合作运动的经验，概括提出引导农民走向社会主义的几种过渡性经济组织形式。第一是互助组，具有社会主义的萌芽性质。第二是初级农业生产合作社，在土地及牲畜、大农具私有的基础上土地入股、统一经营，有较多的公共财产，实行土地分红和按劳分配相结合的原则，具有半社会主义性质。第三是高级农业生产合作社，将土地及其他主要生产资料归集体所有，统一经营、集体劳动，实行各尽所能、按劳分配的原则，具有社会主义的性质。这种逐步过渡的办法，是中国农业合作化运动中的一项重要创造。河北省遵化县西铺村的合作社发展就是遵循了这样循序渐进的路径，从最初的11个互助组到初级社再到高级社。社长王国藩也因其在合作化运动中的出色组织和领导能力，于1957年被中央人民政府授予“全国首届农业劳动模范代表会议”金质奖章。实践证明，中国共产党对农业合作化运动的指导方针是正确的，是一条有中国特点的农业合作化道路。

（四）教学建议

通过老一辈亲历者的回忆来举例说明辅证新中国成立初期农村、农民、农业所处的困境及其突破，可以引导学生观看电影《三条驴腿的故事》。

【案例2】新中国成立初期江岸工厂的民主改造过程——没收官僚资本

（一）案例文本

江岸工厂，简称江厂，位于湖北省武汉市江岸区刘家庙。新中国成立后它是隶属于铁道部的国营企业。2000年改制，江厂与铁道部脱钩，现为中国南方机车车辆集团公司的全资国有工厂。江厂的前身是京汉铁路江岸机厂，始建于1901年，是武汉为数不多的近代企业，也是震惊中外的京汉铁路工人“二七”大罢工的策源地之一。

江厂历经清王朝、民国北京政府及南京国民政府（包括日本人占领时期）三个历史时期。它最初为比利时所建，后来清政府借英法贷款偿还比利时借款，工厂改由法国人所控制。1908年因赎回卢汉铁路，工厂成了国有工厂。1927年，国民党政府接管了平汉铁路局，同时接管了江岸机厂，改名为“平汉铁路管理局江岸机厂”。1938年10月武汉沦陷后，日军进驻，控制工厂。1945年抗战胜利后，国民党政府再次接管了工厂，使工厂重新成为隶属于南京国民政府交通部武汉区铁路管理局的国有工厂。

1949年5月16、17日，武汉解放。5月25日，武汉军事管制委员会派出军代表，全面接管武汉市所有企业的国家资本。江厂作为国有工厂，被军事管制委员会交通接管部接管。最初的一段时间，江厂的组织机构及人员制度并没有被触动，而是根据接管经验形成的政策原封原样地保留下来。《中共中央关于接管官僚资本企业的指示》规定："接收官僚资本企业，必须严格地注意到不要打乱企业组织的原来的机构。对于接收来的工厂、矿山、铁路、邮政、电报及银行等，如果原来的厂长、矿长、局长及工程师和其他职员没有逃跑，并愿意继续服务者，只要不是破坏分子，应令其担负原来职务，继续工作，军管会只派军事代表去监督工作。"江厂解放前的厂长在接管后依然担任厂长，直至1949年9月。这期间，江厂修复了一些机器厂房，重新开始了铁路车辆的修理业务。

原职原薪原制度的办法是一种暂行策略。之所以采取保持原职原薪原制度的办法接收旧政权的国有企业，主要是从社会稳定和恢复与发展生产的角度考虑。武汉刚解放时，接管干部5000人中，有一定文化水平和能力的只有1000人，其中，懂得管理工厂的干部更少，加之不了解被接管工厂的情况，如果贸然打乱旧工厂，那么势必造成被动，影响生产和社会安定。局势稳定之后，把旧政权的国营工厂转变为社会主义的国营工厂，就要正式提上日程。

第一，建立组织网络，形成核心力量。中国共产党基于长期的国内斗争和根据地的经验，非常重视国营工厂的组织工作。刚解放时，国营工厂的中共党员很少。为了加强党的领导，武汉市军管会和武汉市委在公营企业中组织了名为"工作委员会"的临时性党的领导机构。这个委员会以"军事代表为首，吸收工作组长、党的支部书记及该厂青工、女工工作的主要负责同志参加，组织工作委员会，统一领导该厂党和工运工作"。实际上这个机构成为国营工厂的一元化领导机构。江厂保留了国民党时期的厂长，但是对工人运动的领导和对工厂的清点、生产的控制权已掌握在工作委员会手里。军事接管结束后，国民党时期的厂长被免去职务，技术出身的旧人员徐文珍担任厂长。但是他的职权受到党小组和党支部的监督和制约。1950 年 8 月，徐文珍被免去厂长职务，原徐州工厂厂长、老革命出身的江维担任厂长。

在国营厂矿的组织建设扩展方面，毛泽东发出指示："必须注意有步骤地吸收觉悟工人入党，扩大党组织的工人成分。"新中国成立前夕，700 多人的江厂只有两名地下党员。军事接管后，江厂成立了一个党小组。1950 年成立了一个党支部。1951 年，徐州工厂迁往武汉与江厂合并，党员增至 111 名，支部扩大为党总支委员会，下设 6 个党支部。1953 年，党员人数增至 245 名，工厂党总支委员会扩大为工厂党委。到 1956 年 6 月底，工厂有党员 528 名，占全体职工人数的 24.7%。到 1956 年 11 月底，江厂共青团员由刚解放时的空白发展到 370 人，团支部 13 个，团小组 60 个，团员人数占青年人数的 50% 以上。

第二，培植积极分子队伍，扩大群众支持基础。中国共产党在长期的革命斗争中，非常强调并且善于做群众工作。在新中国成立后的国营工厂改造过程中，这一策略和方法继续得到运用。中共中央指示："情况极其复杂，而行政和党的力量又很薄弱，在这样的企业中，更应该首先加强领导，进行系统的调查、侦察和艰苦的群众工作，寻找长期劳动、历史清楚、政治上可靠的工人职员，加以训练，以便建立领导的骨干和群众队伍。"江厂的党组织遵循指示，按照一定标准，在工人群众中选拔积极分子，培养工厂骨干。到 1956 年第一季度止，江厂共提拔干部 503 名，其中，工人成分占提拔干部的 62%。在新中国成立后入党的人员中，工人成分占到 75% 以上。

除了培养积极分子，另一项重要工作是争取更多的群众支持。首先，给予工人群众看得见的物质利益。刚解放时，江厂实际上处于停产状态，许多工人没有收入，生活非常困难。针对这种情况，工作组一方面尽快恢复生产，另一方面着力解决职工的温饱问题。1951年2月，政务院颁布《中华人民共和国劳动保险条例》。按照这个条例，国营工厂的职工可以享受远比新中国成立前优越的保障与福利。其次，尊重工人，提高工人的政治地位和社会地位。在新社会，工人非但不会遭到欺压和鄙视，反而倍受国家的信赖与尊重。工人提干、入党优先，在工厂事务中享有发言权，这使工人感到扬眉吐气。再次，通过思想政治宣传与教育，使工人职员的想法和价值观发生改变。这些教育的目的在于，使工人职员认识到旧制度的剥削性和压迫性，从而憎恨旧社会，热爱新社会，跟着中国共产党走。

第三，对旧的组织和人员进行清理、清洗。由于新中国成立前江厂就是颇具规模的国营工厂，加之因“二七”大罢工名声远扬，因此国民党政权的各种组织和势力向工厂渗透得比一般工厂厉害。据1953年工厂的人员清查资料，新中国成立前参加各种组织和帮会的达到30%多。1956年召开的江厂第一次党代表大会的112名正式代表中，参加过国民党和三青团、被界定为有一般历史问题的代表就有25名。1950年10月10日，《中共中央关于镇压反革命活动的指示》发布。江厂在厂党委的领导下，开展了镇压反革命的群众运动，枪决了曾参与组织江岸工人俱乐部的江南帮首领黄桂荣等11人，判刑17人。黄桂荣等人的罪名是充当破坏工人运动的工贼、国民党潜伏下来的中统特务和反动帮会的头目。

1951年11月5日，中共中央发出《关于清理厂矿交通等企业中的反革命分子和在这些企业中开展民主改革的指示》。指示要求：“必须用足够的力量，发动与依靠工人群众，有领导、有计划、有步骤地争取于一九五二年底以前，对工厂、矿山和交通企业部门，首先对国营厂矿交通企业内的残余反革命势力，加以系统的清理，并对国营企业内所遗留的旧制度，进行或者进一步地完成必要的和适当的民主改革。”“只有把那些作恶的留用人员所作所为在工人群众面前搞清楚，国营工矿企业中的民主改革才算真正完成，社会主义性质企业才能真正掌握在工人阶级手中来。”江厂根据指示，发动工人批斗了红帮等帮派头目，取缔了32种被界定为反动的、封建的组织。

资料出处：

李亚雄：《权力、组织与劳动——国企江厂 1949—2004》，湖北人民出版社，2006 年版。

（二）问题思考

没收官僚资本对新中国有什么重要意义？

（三）案例分析

在解放战争时期，随着对大中城市的接管，没收管理资本的工作已经开始。新中国成立后，这项工作在全国范围展开。没收官僚资本归人民的国家所有，是《共同纲领》的一项历史任务。到 1950 年年初，人民政府共接管官僚资本的工矿企业 2800 余家，金融企业 2400 余家，这些企业成为新中国成立初期国营经济的主要组成部分。江岸工厂在新中国成立初期所经历的历史性转变就是没收官僚资本并进行民主改造的一个剪影。旧的机构和制度被废除或者改组，旧的精英退出了工厂舞台，旧的权威被清除。与此同时，中国共产党所领导的国家不断地嵌入到江厂结构之中，并最终形成唯一具有合法性的权威。在这个过程中，党的组织建设最为关键重要，是整个自上而下民主改革的核心。同时政治积极分子和工人群众构成了一股重要的支持力量，正是由于争取到了他们的支持与参与，新政权对国营工厂的改造才得以在不主要依靠强制的情况下成功推进。

没收官僚资本，在企业内部开展民主改革和生产改革，确立起社会主义性质的国营经济在国民经济中的领导地位，使人民政权拥有了相当重要的经济基础。没收官僚资本，具有两重性质：从反对外国帝国主义的附庸——中国的买办资产阶级——的意义上看，它具有民主革命的性质；从反对中国的大资产阶级的意义上看，它又具有社会主义革命的性质。通过没收官僚资本，并在企业内部进行民主改革和生产改革，中国资本主义经济的主体部分被改造为社会主义性质的国营经济，中国的大资产阶级被消灭了。随着没收管理资本和原官僚资本企业的民主改革、生产改革工作的完成，确立了社会主义性质的国营经济在国民经济中的领导地位，这为下一步的社会主义改造奠定了重要的物质基础。

（四）教学建议

铁路工人是近代中国工人运动的主力军，也是中国共产党的主要发展对象之一。江岸工厂的发展历经近代中国多个历史时期，结合它自身的历史背景来给学生讲述中国共产党在新中国成立初期如何处理国民党遗留下来的官僚资本。关于新中国成立初期中国共产党对大城市的接管和对经济的整治，还可以引导学生观看著名话剧《陈毅市长》，以增强理解。

【案例3】长津湖之战——卫我国门 扬我军威

（一）案例文本

引　言

岂曰无衣？与子同袍。王于兴师，修我戈矛。与子同仇！

岂曰无衣？与子同泽。王于兴师，修我矛戟。与子偕作！

岂曰无衣？与子同裳。王于兴师，修我甲兵。与子偕行！

——《秦风·无衣》

长津湖，死亡的魔窟

长津湖是朝鲜第二大人工湖。它发源于长津江，向北在柳潭里和下碣隅里之间形成，最后注入鸭绿江。其面积 54.2 平方公里，蓄水量 106 万立方米，周围崇山林立，平均海拔 1300 米。山上林木茂盛，道路崎岖。每年 10 月下旬这里即进入冬季，至 11 月下旬白天最低气温可达摄氏零下 30 余度，夜间气温多为摄氏零下 40 余度，滴水成冰，气候极其恶劣。由于该地区属苦寒地区，人烟寥落，偶有几户人家组成的村落，一到冬季，便被隐没在风雪之中。

11 月 21 日，经十余天长途奔袭，仓促上阵的第九兵团 20 军隐蔽潜伏到靠近长津湖的柳潭里西南，27 军隐蔽潜伏到柳潭里和新兴里北部。这时，指战员们已连续几天没吃没喝，再加上天寒地冻，又冷又饿，苦痛难挨。与此同时，26 军作为预备队，正在等待向长津湖靠近。时至 27 日，长津湖一带又突降大雪，气温降到了摄氏零下 40 余度。严寒给坚守中的潜伏部队造成了极大伤害，千余名官兵被冻死，冻伤者不计其数。

志愿军之所以要在如此恶劣的环境下在长津湖与美军展开“改变世界格局的强强对决”，是因为所谓的联合国军在志愿军发起第一次战役后，又分兵两路，在朝鲜北部东西两线展开钳形攻势，向鸭绿江推进，扬言要在一个月后的圣诞节，把中国军队赶回去。

联合国军东线先头部队是美海军陆战第 1 师，随后是美 10 军第 7 师。美 1 师装备精良，训练有素，在第二次世界大战中从未打过败仗，号称王牌师，堪称美军的骄傲。

志愿军第九兵团是一支过硬的部队，孟良崮战役大败张灵甫，淮海战役俘获杜聿明，解放大上海后又被称作“霓虹灯下的哨兵”，英名远扬，威震八方。

此时，两军狭路相逢。至 27 日黄昏，蛰伏在长津湖地区的第 20 军和 27 军终于接到发起总攻的命令，指战员们突然跃起又冷又饿的身躯，以顽强的战斗作风，向强大的美 1 师发起突袭。此时，躲在战壕里的美军根本弄不明白志愿军究竟是从哪儿冒出来的，只能倚靠大炮和装甲炮拼命地发射炮弹，企图用弹幕挡住志愿军的攻势。然而，此时的志愿军就像杀红了眼的“斗士”，喊声连天，枪声大作，手榴弹横飞，没有一个人不是义无反顾地前赴后继。翌日，美 1 师机械化战斗队形即被切断，同时被志愿军紧紧地压缩在 4 个包围圈里。宋时轮司令决定：瓮中捉鳖，一举全歼。

然而此时，寒冷已使志愿军部队出现了大量的非战斗减员，饥饿又使指战员身上没有了一点力气，装备则更叫子弟兵难以摧毁美军用大炮和坦克构筑的环形防御攻势。双方僵持了三昼夜，我方歼敌不成，敌方也难向鸭绿江推进。

12 月 5 日上午，美 1 师开始向南突围，准备后撤。宋时轮司令立即调整作战部署，命令第 20 军和 27 军展开围追堵截，同时电令第 26 军立即向长津湖地区挺进，投入战斗，以补充作战部队因大量伤亡而导致的人员不足。随着战斗任务的转换，我军面临的局面更加险恶。追击部队要翻山越岭撵上后撤的美军机械化部队，谈何容易！但尽管如此，指战员们仍然顶风冒雪，忍饥挨饿，按时到达指定地点截杀敌人。设伏，地冻如铁，无法挖掩体，战士们就趴在雪地上，很多人趴着趴着就被冻死了。待到发起冲锋，幸存的指战员仍如猛虎下山，以钢铁般的意志死缠猛打，直打得美军曾在一天内仅后撤了 500 米，前后扔下千余具尸体。特别是绰号“北极熊团”被全歼，总计 3191 人。这是志愿军在朝鲜战场上唯一一次成建制地全歼美军一个团的光辉战例。敌团旗现被收藏在中国人民军事博物馆展出。

水门桥，生死攸关的屏障

一个要跑，一个要阻，敌我双方此时都认识到水门桥是决定各自胜败的生死“桥”。该桥位于长津湖古土里以南6公里处，是美军撤退的必经之路。跨过这座桥，再越过黄土岭，就意味着敌人彻底逃离了长津湖地区，而前面是平原，极易美军机械化部队后撤。

为此，美1师后撤的先头部队已抢先一步驻扎到那里，用一个营的兵力和40辆坦克严防死守水门桥。宋时轮司令决定：即便有天大的困难，也要不惜一切代价把桥炸掉，以便把美1师继续阻隔在原地，予以全歼！

担任炸桥任务的第20军58师127团曾经两次将水门桥炸断，但很快又被美军修复，这就等于他们又有了一线生机。第三次炸桥时，第27军80师组成两个连队的“敢死队”，200百余名指战员多带炸药，个个负重50余公斤，蹚积雪，越沟壑，躲岗哨，抢时间。12月6日，指战员们借着夜色发起突击，用血肉之躯，把美军第二次恢复的大桥连同基座全部炸毁。

美1师史密斯师长在第一时间得到了消息。这时，他如梦方醒，觉得眼前这支农民组成的部队，有着超乎寻常的意志力和战斗力；他们不是要把美军从长津湖赶走，而是要将其全歼在此地。想到这儿，他心底不免泛出一丝绝望！于是，立即给上司发报，求援再次架桥。美军高层认为：如不救出美1师，美国颜面无存。于是，他们星夜指派驻日本部队去三菱重工，紧急加工出8套M2型钢木标准桥梁，第二天用C-119大型运输机运往1000多公里外的水门桥上空，然后靠巨型降落伞将桥梁直接空投到美军阵地。经过一昼夜紧张施工，美军于8日下午4点，重新将桥架设成功，前后不过两天。

就在美1师平喘一口粗气准备过桥的那一刻，史密斯师长意识到：美军通过水门桥，肯定还会遭到志愿军伏击。为慎重起见，他决定先派小分队前去侦察，然后再让大部队视情况紧随其后。当美军士兵摸上水门桥对面的山头后，当即被眼前的景象震撼了：在冰天雪地里，志愿军 20 军 58 师整整一个连的百余名官兵呈战斗队形散卧在一条线上，每个人都呈手持武器注视前方的姿态，全部冻死在那里，化作了晶莹的冰雕。事后，美国随军记者充满敬意地写道："这些中国士兵忠实地执行了他们的任务，坚守阵地，无一生还。"

晚 6 点，美 1 师幸存的 1 万多名官兵及 1000 多辆汽车和坦克，在接应部队的掩护下通过水门桥，终于撤出长津湖地区的崇山峻岭，开始向兴南港撤退。志愿军第九兵团依然锲而不舍地追击。可惜的是，我军第九兵团第 26 军历经十余天的美机轰炸拦阻，忍饥受冻，翻山越岭，直到美军撤退后，才从齐腰深的大雪中跋涉而来，错失了全歼美 1 师的良机。

据战后统计，美军在长津湖地区受到了重创，海军陆战第 1 师编制人数 2.5 万人，战斗伤亡约 7000 人，其中被俘和失踪人员约 2500 人，另有冻伤减员 7300 人；志愿军第九兵团投入长津湖战役总兵力 10 万余人，伤亡 1.4 万人，超过美军一倍，冻伤减员占总人数 32%，严重冻伤占 22%，付出了难以想象的代价。

随着东线美军的溃散，西线志愿军通过对美第 8 集团军展开猛烈进攻，取得了清川江围歼战的胜利，彻底粉碎了麦克阿瑟"在圣诞节前占领整个朝鲜"的图谋，并将美军全部赶回到"三八线"以南。

资料出处：

阿雷：《钢铁"对话"长津湖》，《党史纵横》，2013 年第 8 期。

（二）问题思考

1. 新中国是在什么样的国际、国内背景下作出抗美援朝决策的？
2. 抗美援朝战争的胜利对于新中国有什么重要意义？

（三）案例分析

围绕水门桥展开的战役是悲壮的、激烈的。中国志愿军经过多番努力，最终未能成功拦截撤退的美军。美军命悬一线，最终凭借其强悍的现代军工科技能力死里逃生。这其中曲折的战斗过程和遗憾的战斗结果反射出很多现实问题。

1. 中美双方军事实力对比悬殊

三炸三建水门桥可以清楚地看出在整个朝鲜战争中，作战双方工业能力的巨大差距导致了战争双方军事实力对比的悬殊，从而使战争在作战双方力量相差巨大的前提下进行。远离本土作战的美军仅用了不到两天的时间，于不断传来的枪炮声中，在朝鲜东北部偏僻山区的一座悬崖上架设起了一座载重 50 吨、可以通过所有型号的坦克和车辆的钢制桥梁。而中国军队的反复炸桥说明志愿军的指挥官们认为只要把桥梁炸得看上去根本不可能修复，美军的后路就彻底断绝了。中国军队没有认识到美军现代化装备的优越作战能力，只是一而再再而三地派出工兵炸毁桥梁。可是美军在二战时已经经常空投车辆坦克等大型机械了，在朝鲜战场空投几个桥梁对他们来说不是很难。从后勤保障上来看，美军可以比较容易解决这个问题。而中国志愿军在这次战役中的后勤保障非常脆弱，国力也达不到现代战争的要求。志愿军第 9 兵团没有及时领到御寒棉衣，露宿雪地，导致冻死冻伤非战斗减员。大口径火炮全部留在东北，小口径火炮炮弹极其缺乏。迫击炮与重机枪因为低温无法打响，能用的武器是步枪和手榴弹。在长津湖零下 40 摄氏度的恶劣天气下，第 9 兵团 26 军只能组成穿着单衣 100 多人的追击部队冒着美国空军日夜不停的轰炸，徒步追击美军陆战 1 师。

朝鲜战场上悬殊的军事实力让中国志愿军付出了极大的代价。关于新中国成立初期的现代工业实力，毛泽东曾说：“现在我们能造什么？能造桌子椅子，能造茶碗茶壶，能种粮食，还能造纸，但是，一辆汽车、一架飞机、一辆坦克、一辆拖拉机都不能造。”中国志愿军在朝鲜战场上遭遇到类似水门桥这样的巨大军事鸿沟正是中国与发达国家工业差距的真实写照。如果当时志愿军有棉衣穿，如果当时有几门重炮，如果当时有几架战斗机或者轰炸机，美军陆战1师就会被取消番号了。又或者在水门桥附近的几个高地部署阻击兵力，对隘口进行不间断的冲击，美军就是修复了桥梁通过也是要付出极大的代价。这些留下的种种遗憾只能靠日后发展来弥补了。1956年，第一座生产载重汽车的长春第一汽车制造厂建成投产，第一座制造机床的沈阳机床厂建成投产，第一座大批量生产电子管的北京电子管厂建成投产，第一座制造飞机的沈阳飞机制造厂成功试制第一架喷气式飞机。1957年，万里长江上建起第一座大桥——武汉长江大桥。不止这些，志愿军们拿鲜血和生命为之奋战的祖国，现在已经能够在任何地理环境下，建起令世界为之惊叹的大桥。现在的中国，今天已经能充分武装最可爱的人，使他们告别当年的简陋武器，拥有阻断一切来犯之敌退路的能力。

2. 志愿军的英勇奋战是决胜关键

朝鲜第二次战役战事紧急，参战主力军第9兵团来自南方，投入作战匆忙，对朝鲜地区的高寒环境没有充分的准备。这些年轻志愿军们在美军完全掌握了制空权的情况下，虽然苦于缺乏装备、弹药、食品和防寒用具，但仍能忍耐一切艰难困苦，忠实地执行命令，默默地行动与战斗。这就是毛泽东所提倡的“不论在任何艰难困苦的场合，只要还有一个人，这个人就要继续战斗下去”的勇敢精神。战后，美军曾翻译过一份中国第27军关于朝鲜东线战事的总结材料，其中有这样的描述：食物和居住设备不足，士兵忍受不住寒冷，非战斗减员达一万人以上，武器不能有效使用也是原因。战斗中，士兵在积雪地面野营，脚、袜子和手冻得像雪团一样白，连手榴弹的拉环都拉不出来。引信也不发火，迫击炮身管因寒冷而收缩，迫击炮弹有七成不爆炸。手部皮肤和炮弹炮身粘在一起了。即使是这样，在东线战斗中，美国海军陆战队最精锐的陆战1师依然遭到了中国军队毁灭性打击，中国军队已迫使其在东线战场进行了大规模的撤退。

在朝鲜战争之前的抗日战争、解放战争中，中国军队打过无数次以弱胜强、以少胜多的巧仗，也打过不少硬仗。这次实力悬殊的长津湖战役，中国志愿军付出了难以想象的代价，才迫使美军撤退。至此，没有人再会认为中国的这支“农民武装”式的军队是一支可以轻易侮辱的力量了。中国志愿军的英勇奋战和巨大牺牲，维护了新中国的安全和尊严，为新中国赢得了国际谈判桌上的地位。这是新中国完全依靠自己的实力与帝国主义展开的生死较量，破灭了帝国主义不可战胜的神话。中国人民因此极大地增强了民族自信心和自豪感，帝国主义不敢轻易做侵犯新中国的尝试。中国的国际威望空前提高，并为我国的经济建设和社会改革获得一个相对稳定的和平环境。

（四）教学建议

引导学生观看朝鲜战争纪录片《冰与火的战争》《抗美援朝战争》《朝鲜战争》，阅读相关文献资料，帮助学生理解我国作出抗美援朝决策的背景和意义。

第九章　社会主义建设在探索中曲折发展

一、教材分析

（一）教学目的

本章的教学目的是使学生掌握全面建设社会主义过程中的巨大成就和严重曲折的全貌，充分理解社会主义建设的长期性和复杂性，了解中国共产党在社会主义的伟大征途中所探索出来的宝贵经验。

（二）教学重点难点

【教学重点】

1. 社会主义建设取得的成就。

2. 探索社会主义道路过程中的曲折历程。

【教学难点】

1. “文化大革命”发生的原因和教训。

2. 关于毛泽东历史地位的评价。

（三）基本知识结构

第九章《社会主义建设在探索中曲折发展》知识点层级关系		
一级知识点	二级知识点	三级知识点
社会主义建设在探索中曲折发展	良好的开局	全面建设社会主义的开端
		早期探索的积极进展
	探索中的严重曲折	“大跃进”及其纠正
		“文化大革命”及其结束
	建设的成就，探索的成果	国民经济体系的建立
		人民生活水平的提高及各项事业的发展
		国际地位的提高

二、典型案例

【案例 1】抗美援朝

（一）案例文本

1950 年 10 月 19 日，中国人民志愿军在司令员兼政治委员彭德怀的率领下，跨过鸭绿江，开赴朝鲜战场，1950 年 10 月 25 日，揭开抗美援朝战争的序幕。

抗美援朝战争为朝鲜战争的一部分，指中国人民志愿军参战的阶段。1950 年 6 月 25 日朝鲜得到苏联支持不宣而战进攻韩国，历时三年的朝鲜战争爆发。8 月中旬，攻占了韩国 90% 的领土。9 月 15 日，以美军为主的联合国军在仁川登陆，直接介入朝鲜战争，并将战火燃烧到中国的鸭绿江边。经过艰苦卓绝的抗美援朝战争，于 1951 年 7 月 10 日，中华人民共和国和朝鲜方面与联合国军代表开始停战谈判，经过多次谈判后，1953 年 7 月 27 日签署《朝鲜停战协定》。关于抗美援朝战争，应该讲清楚以下几点：

1. 朝鲜战争的历史背景：1950 年 1 月以来，在苏联和美国相继撤出驻军后，朝鲜政府说服斯大林“同意朝鲜领导人对局势的分析和准备以军事方式实现国家统一的设想”。1950 年 5 月中旬，金日成秘密访问中国北京，他按照斯大林的要求，向毛泽东通报了对韩战争的意图，而毛泽东持反对意见，认为发动战争时机不够成熟。后经过中苏协商同意了金日成统一计划。

1950 年 6 月 25 日，朝鲜人民军开始进攻韩国，朝鲜战争爆发。美国总统杜鲁门命令美国第七舰队驶入基隆、高雄两个港口，在台湾海峡巡逻，阻止中国人民解放军渡海进攻台湾。美国向安理会提交了援助韩国的行动议案，授权组成联合国军队帮助韩国。在苏联代表因抗议联合国拒绝接纳中华人民共和国为新成员国而自 1950 年 1 月起缺席的情况下，决议以 13 对 1（ 南斯拉夫投了反对票）的表决结果通过了美国提案，要求各会员国在军事上给韩国以“必要的援助”。联合国军以美军为主导，其他 15 个国家也派小部分军队参战。英国、土耳其、加拿大、泰国、新西兰、澳大利亚、荷兰、法国、菲律宾、希腊、比利时、哥伦比亚、埃塞俄比亚、卢森堡、南非与韩国军队均归驻日的联合国军指挥，麦克阿瑟上将为联合国军司令。

1950 年 6 月 28 日，毛泽东发表讲话，号召“全国和全世界的人民团结起来，进行充分的准备，打败联合国的任何挑衅”。同日，周恩来代表中国政府发表声明，强烈谴责联合国侵略朝鲜、台湾及干涉亚洲事务的罪行，号召“全世界一切爱好和平正义和自由的人类，尤其是东方各被压迫民族和人民，一致奋起，制止联合国在东方的新侵略”。1950 年 7 月 10 日，中国人民反对联合国侵略台湾朝鲜运动委员会在北京成立。抗美援朝运动开始波及全国，形成第一个高潮。

1950 年 6 月 27 日，联合国宣布出兵朝鲜，实行武装干涉，并派遣美军第七舰队驶入台湾海峡，“阻止对台湾的任何进攻”，公然干涉中国内政。美军不顾中国政府的多次警告，直逼中朝边境的鸭绿江和图们江。美军B-29重型轰炸机、P-51战斗机等先后5批13架次，侵入中国东北境内轰炸扫射，炸死中国居民3人，炸伤21人，炸坏车辆无数。周恩来以中国外交部部长名义致电美国国务卿艾奇逊："对于美国侵略朝鲜军队此种侵入中国领空的挑衅和残暴行为，本人特代表中华人民共和国中央人民政府向联合国提出严重抗议。美国政府应对美军此次侵犯中国主权及残杀中国人民的行为，担负全部责任及其后果。"同日，周恩来还致电联合国，要求制裁美国空军侵入中国领空的挑衅和残暴行为。

1950年9月15日，美军第10军于仁川登陆，朝鲜人民军腹背受敌，损失严重，转入战略后退。美国飞机多次侵入中国领空，直接威胁到新中国的国家安全，战火即将烧到鸭绿江边。

1950年10月8日，朝鲜政府请求中国出兵援助。中国根据朝鲜政府的请求，作出"抗美援朝、保家卫国"的重大历史性决策。毛泽东发布命令，将东北边防军组成中国人民志愿军，任命彭德怀为司令员兼政治委员，命令志愿军"迅即向朝鲜境内出动，协同朝鲜同志向侵略者作战并争取光荣的胜利"。

1950年10月19日，中国人民志愿军在没有空军掩护的情况下，雄赳赳，气昂昂，跨过鸭绿江，进入朝鲜境内，与朝鲜人民军并肩抗击侵略者。1950年10月25日，志愿军打响入朝后的第一仗，以光荣的胜利拉开了伟大的抗美援朝战争的帷幕。这一天后来被定为中国人民志愿军抗美援朝纪念日。

1950年10月26日，中国人民保卫世界和平反对美国侵略委员会在北京成立，负责领导全国人民的抗美援朝运动。11月4日，中国共产党与各民主党派发表联合宣言，号召全国人民积极行动起来，支援抗美援朝战争。此后，全国迅速掀起了大规模的抗美援朝宣传教育运动，极大地增强了中国人民的民族自尊心和自信心，坚定了中朝人民必胜、联合国侵略者必败的信念。全国人民团结一致，同仇敌忾，掀起了参军参战、支援前线的热潮。全国各阶层人民积极响应，开展捐献飞机、大炮运动。到 1952 年 5 月，全国人民共捐献人民币 55650 亿元（旧币），可购买战斗机 3710 架。

2. 主要经历的知名战役有：温井之战（抗美援朝第一战）、云山之战（中美两军第一次较量）、清长战役之新兴里之战（志愿军全歼美军团级部队的唯一战例）、上甘岭战役（意志、钢铁的较量，我军第一次大规模炮战）、金城战役（抗美援朝最后一战，志愿军在地面火力上压倒敌人的唯一战役）等这一系列重要战役。美国政府在国内、国际压力下，不得不从 1951 年 7 月 10 日开始同朝中方面在开城进行停战谈判。谈判时断时续，历时 2 年零 17 天，整个过程交织着战场与谈判会场相互影响的激烈斗争。例如：1952 年 10 月，美国片面中断谈判，向上甘岭阵地发起大规模进攻，但又以惨痛失败而告终。1953 年 7 月 27 日上午 10 时，朝、中、美三国在板门店签订了《朝鲜停战协定》，从 7 月 27 日晚 10 时起，一切敌对行动完全停止。

3. 英雄人物：抗美援朝战争中牺牲的十几万名烈士当中，有军职干部 3 名，师职干部 10 余名，团职干部 200 多名。他们来自祖国的四面八方、五湖四海。有抱炸药冲敌阵与敌同归于尽的杨根思，有挺胸膛堵枪眼视死如归的黄继光，有战友伤、自己上、炸死敌军的一级爆破英雄伍先华，有双腿伤、忍痛爬、捐躯开路的许家朋，有子弹打光拉响手榴弹冲向敌人的孙占元，有卧火海忍剧痛、维护潜伏纪律的邱少云，有抢修桥梁保畅通、英勇献身的杨连第，有战终日、歼顽敌、屡建战功的杨春增，有冒严寒跳冰窟救少年的国际主义战士罗盛教等。

资料出处：

1. 日本陆战史研究普及会编：《朝鲜战争》，国防大学出版社，1990年版。

2. 军事科学院军事历史研究部编：《中国人民志愿军抗美援朝战史》，军事科学出版社，1988年版。

3. 军事科学院军事历史研究部编：《抗美援朝战争运动战若干问题研究》，军事科学出版社，1994年版。

（二）问题思考

1. 朝鲜战争爆发的历史背景是什么？

2. “联合国军”是一支“维和部队”吗？

3. 朝鲜战争时期，美国为何没有使用原子弹？

（三）案例分析

今年是抗美援朝胜利67周年，朝鲜半岛至今仍是世界热点地区之一，其之所以举世瞩目，就源于朝鲜战争及南北对抗，以及大国在此地区的博弈。随着网络的发展，关于朝鲜战争的观点也是五花八门，例如：朝鲜战争是美帝国主义发动的侵略战争；中国没有在战争前遏制住金日成的狼子野心是最重大失误；中国不该进行抗美援朝；朝鲜战争打出来朝鲜半岛50年的和平，等等。因此，针对这些观点，我们一定要加强对青年学生的引导，客观分析这次战争，从国内国际局势看待这次战争。让青年学生们认识到，抗美援朝战争，是新中国成立后中国人民为了保卫祖国、维护世界和平而进行的一场正义战争。抗美援朝战争的胜利，中国人民志愿军打出了军威、国威。中国人民志愿军以落后的武器装备，打败了完全现代化装备的以美国为首的联合国军，震动了世界，为维护亚洲和世界和平作出了巨大贡献，使新中国的国际威望空前提高。

（四）教学建议

在讲授这一节内容的时候，应该对大学生讲清楚，20世纪50年代新中国登上世界舞台的几个重要步骤：朝鲜战争——炮击金门——两弹一星。朝鲜战争是一个重要环节，正是在朝鲜战争中，新中国的军队能够打败美国主导的联合国军，显示了新中国的强大生命力。正是西方对新中国的这次军事试探和较量，使得西方国家对中国不敢小觑，并开始先后与新中国建交，承认新中国在国际社会的重要地位，提升在国际舞台上的话语权。

【案例2】“金门炮战”背后的硝烟

（一）案例文本

朝鲜战争的爆发，美国开始武力介入台湾海峡——将第七舰队驶入台湾海峡，阻止中国人民解放台湾。1954年12月，美台订立《共同防御条约》，使原本属于中国内政的问题复杂化，也使毛泽东深深思虑：从战略高度判断台湾海峡的局势，首先是“美蒋协防”保台湾，要准备美国空军、海军卷入。1955年3月，美国和蒋介石签订的所谓《共同防御条约》生效。在美国支持下，台湾当局不断发出“反攻大陆”的叫嚣并进行骚扰。

1.“炮击金门”的决策与经过。1958年7月15日，美国海军陆战队武装干涉黎巴嫩和伊拉克内政，英国出兵约旦，中东燃起战火。美国重申不承认中国，并支持台湾当局在台湾海峡进行战争挑衅。在这一背景下，毛泽东决定炮击金门，以牵动全球战略格局，震慑美蒋顽固势力。毛泽东说道：不要怕鬼，你越怕鬼，你就越不能活，他就要跑进来把你吃掉。我们不怕鬼，所以炮击金门、马祖。

1958年7月18日晚，毛泽东主席召集中央军事委员会副主席和海、空军领导人参加会议，作出“炮击金门”的指示：金门炮战，意在击美，支援阿拉伯人民的反侵略斗争。

叶飞率福州军区前线指挥部疾驰厦门。兵力部署如下：以17个炮兵营组成莲河地区炮兵群，以15个炮兵营组成厦门地区炮兵群，分别负责打击小金门和大金门的国民党军；以6个海岸炮兵连配置在围头、莲河、厦门前沿阵地，打击大金门料罗湾的国民党军舰。

8月20日，毛泽东决定：立即集中力量，对金门国民党军突然猛烈打击（不打马祖），把它封锁起来。8月21日，毛泽东在北戴河召开会议，作出8月23日17时30分发起“炮击金门”的决定。

8月23日，中国人民解放军福建前线部队以空前猛烈的炮火轰击金门，2小时内，就有4.5万多发炮弹密集倾泻到金门岛。

金门炮声，震惊了世界。摸不着头脑的美国中央情报局局长杜勒斯赶紧向总统艾森豪威尔汇报了金门的消息。艾森豪威尔苦思冥想了三天三夜，也没搞懂其中的玄机。于是他那丰富的想象力开始发挥作用：金门、马祖失守，台湾也就保不住了，这将威胁“日本、菲律宾、泰国、越南，甚至冲绳未来的安全……因而将使美国的根本利益受到严重的损失”。他不敢再往下想，下令从部署中东的第6舰队调出两艘航空母舰加入第7舰队。美国人终于随着毛泽东的指挥棒动作起来。

美台海军组成了联合舰队为金门补给船护航。打不打美台联合舰队？毛泽东命令照打，以试探美台《共同防御条约》的效力到底有多大，美军在台湾海峡的介入到底有多深。解放军一通大炮，美舰丢下台舰及运输船只，掉头逃走，气得蒋舰大骂“美国人混蛋”。事情再明白不过了，美国是不会冒同人民解放军发生直接冲突的危险的。

在这一新形势下，10月6日，毛泽东亲自撰写的《告台湾同胞书》，以国防部部长彭德怀的名义发表，指出“我们都是中国人。三十六计，和为上计”，“美国人总有一天会抛弃你们的”，“建议举行谈判，实行和平解决”，并宣布暂停炮击7天。25日，毛泽东再次新撰《再告台湾同胞书》，指出“中国人的事情只能是我们中国人解决。一时难以解决，可以从长计议”，宣布“逢双日”不打炮，让金门等岛屿“得到充分供应”，“以利你们长期固守”。

文告的发表，宣告了中国人自己解决台湾问题的原则立场。从此，金门炮击战进入打打停停、停停打打的新阶段，成为中外军事史、政治史上的奇观。美国“划海而治”的分裂图谋被最终挫败。

1979年元旦，美国与中华人民共和国正式建交，同时终止与蒋介石集团签订的《共同防御条约》，中国国防部部长徐向前宣布停止炮击金门、马祖等岛屿；中国全国人民代表大会发布了《告台湾同胞书》，“炮击金门”行动遂告终止。

2. 时机的选择。1955年万隆会议后，毛泽东和中共中央逐步确立了争取和平解放台湾的方针，但这一努力遭到了美国政府的阻挠。1957年6月28日，美国国务卿杜勒斯在旧金山发表演说，毫不掩饰地道出要消灭一切社会主义国家的图谋。美国先是中断了中美大使级会谈，又怂恿逃到台湾的蒋介石集团对大陆沿海进行骚扰破坏，妄图通过制造既成事实把台海两岸的分裂状况永久固定下来。

1958年5月，美国在台湾成立“美军联合协防军援司令部”。在美国政府的怂恿和包庇下，台湾方面不断出动飞机深入祖国大陆空投特务、散发传单，甚至对福建沿海地区进行轰炸。同时，蒋介石政府还不断向金门、马祖等靠近大陆的岛屿增兵，至1958年夏季，金、马两地的兵力已达10万之众，台湾海峡的局势骤然紧张。

1958年6月30日，中国政府发表声明，限定美国政府在15日内恢复中美大使级会谈，“否则，中国政府就不能不认为美国已经决心破裂中美大使级会谈”。次日，杜勒斯表示，美国不会向中国限定举行大使级会谈的“最后通牒”低头。

新中国领导人非但没有等到美国人重开谈判的答复，相反，却得到了美国出兵黎巴嫩，干涉伊拉克革命的消息。美国的霸道行径使得世界舆论为之哗然。美国出兵中东虽然在一定程度上加剧了台湾海峡的紧张局势。偏安一隅的蒋介石集团也想趁火打劫，宣布进入“特别警戒状态”，同时加紧针对大陆的军事演习和空中侦察，摆出一副反攻大陆的架势。毛泽东果断决定，“今天开炮，时机选择得当”。

“八•二三”炮击使台湾十分震动。蒋介石一时摸不清毛泽东的意图，估计解放军会登陆金门，并有可能攻击台湾。蒋介石还向艾森豪威尔紧急求援。

根据艾森豪威尔的命令，美国海军第七舰队主力开赴台湾海峡，其中包括4艘航空母舰，另有1艘航空母舰急速从地中海的第六舰队调来。不大的台湾海峡，摆开了有5艘航空母舰的阵势，中东的形势缓和下来了。

3.“只打蒋舰，不打美舰”的奇妙设计。1958年9月7日，一支美台混合编队出现在金门附近，中午时分，美国军舰停在金门附近海面，做出掩护姿态，国民党海军的两艘运输舰在码头卸货。

到底打不打？叶飞觉得这不是一个单纯的军事行动，如何对待这种美蒋混合编组船队，涉及中美关系乃至世界战略全局，须提交最高统帅毛泽东考虑。

毛泽东回答：“照打不误。”

叶飞又请示：“是不是连美舰一起打。”

毛泽东回答："只打蒋舰，不打美舰。"

叶飞又问："我们不打美舰，如果美舰向我开火，我们是否还击？"

毛泽东回答："没有命令，不准还击。"

9月8日，台湾国民党军又出动4艘登陆舰，在美军1艘巡洋舰及4艘驱逐舰的护航下，再次向金门驶来。美舰又停在金门外海，由国民党的登陆舰驶向岸边卸货。毛泽东即下令开火。

12时43分，解放军以43个地面炮兵营和6个海岸炮兵连组成的强大炮群突然开火，连续发射了21700发炮弹，猛烈射击金门岛上的军事目标及登陆舰。在炮击中，"美乐"号登陆舰当即被击中起火，引爆了舰载弹药而沉没。"美珍"号中弹累累后向外海逃窜，另外两艘登陆舰也在中弹后逃走。这时，美国军舰根本不管国民党舰只，急忙退驶到料罗湾以外近12海里海域，徘徊观望，始终不发一炮。

4. 把金门留给蒋介石。美国并不想和中国进行战争，可美国却不想放弃台湾，杜勒斯便要求蒋介石放弃金门和马祖。9月30日，杜勒斯发表讲话说："如果获得可靠的停火，我们的判断，甚至是军事上的判断，就是仍然在金门、马祖保持庞大的军队，是不明智的和欠谨慎的。"毛泽东对杜勒斯公开要求蒋介石"金马撤兵"的谈话极为重视，曾要翻译查询原文。美国总统艾森豪威尔也以美国政府名义表示美国政府曾以金门岛群、马祖列岛并不在《中美共同防御条约》的防御义务之中，要求台湾当局放弃金门，并允诺提供当时美国陆军5个师的标准装备作为补偿并提供运输工具供金马地区军民后撤。但此要求被蒋介石拒绝。美国遂通过第三国表示：可能在保卫台湾外岛的战役中使用战术核武，美国同时支援国军重装备。苏联共产党总书记赫鲁晓夫警告北京不可触发美苏核武对抗。

可见美国对蒋介石不在金马撤军已经甚为恼火。这时，毛泽东看到，在炮击封锁金门以后，如果只能夺取金门、马祖而不能同时解决台湾问题，那么国共之间在地理上的距离将由不足10公里扩大到100多公里，且隔着一道台湾海峡，接触更加不方便。而蒋介石失去象征其在大陆沿海存在的最后据点，将使得美国更便于制造“两个中国”或支持“台独”。于是，毛泽东决定把金门保存在蒋介石手里。

毛泽东起草、以国防部部长彭德怀名义发表的《告台湾同胞书》，震动海内外。这也是对台政策改变的信号。文告宣布：“杜勒斯9月30日的谈话，端倪已见。站在你们的地位，能不寒心？归根结底，美帝国主义是我们的共同敌人。13万金门军民，供应缺乏，饥寒交迫，难为久计。为了人道主义，我已命令福建前线，从10月6日起，暂以7天为期，停止炮击，你们可以充分地自由地输送供应品。”

21日，杜勒斯飞抵台北，劝蒋介石撤退在金门、马祖的驻军，并停止对大陆使用武力。蒋介石恼怒地回答：“在我活着的时候不会撤军！”在大陆，福建前线再一次万炮齐发，“欢迎”杜勒斯。

杜勒斯回到华盛顿的第二天，毛泽东又以彭德怀的名义起草了《再告台湾同胞书》，宣布了今后对金门“单日打炮、双日不打”与对机场、码头、海滩和船只“四不打”的方针，甚至表示愿意向对手提供补给品。

随后解放军方面宣布采行“单打双停（逢单日炮击，双日不炮击）”的方针持续炮击，自此以后，每逢单日，则仅有小规模之射击，或发射宣传弹，国民党军亦常利用单日对大陆进行零星射击，或发射宣传弹。

直接指挥金门炮战的叶飞也说：“毛主席决定不拿下金门，现在看来有一个重要原因，就是要留下一个‘对话’的渠道。后来讲‘三通’，其实前线和金门之间早就用各种特殊的形式‘通’了。”

5. 历史的成果。1958年8月23日至1959年1月7日，中国人民解放军对金门实施了七次大规模的炮击，取得了丰硕成果：

（1）第一次炮击，国民党上将、“国防部部长”俞大维，正同金门防卫部司令长官、上将胡琏散步；中将、副司令长官赵家骧，少将、副司令长官章杰，中将、澎湖防卫部副司令长官吉星文等三人在桥头聊天；当铺天盖地的炮弹袭来时，三个副司令身负重伤，不治身亡；中将参谋长刘明奎挂了彩；俞大维受轻伤；胡琏躲进了防空洞不敢出来。

（2）击落、击伤国民党飞机 34 架，击伤、击沉其军舰 27 艘，摧毁各种工事 320 个，各种火炮 30 余门，毙伤国民党军 7000 余人。大大打击了国民党军在大陆沿海地区肆意攻击、破坏的嚣张气焰，保障了我国沿海地区的和平、安宁和经济发展。

（3）顶住了美国对中国的战争恫吓，挫败了美国制造“两个中国”的阴谋，也极大地牵制了美国对中东地区武装干涉内政的图谋，增强了第三世界不畏强国的信念。

6. 中国人用特殊的方式表达了“只有一个中国”的心愿。金门炮战，尤其是解放军将炮击重点由岛上军事设施最后转移至主要打击替金门守敌运送给养的舰船，使金门守敌陷入了严重困境。台湾当局见乞求美国护航已经不能达到目的，蒋介石宣称，要派出空军对大陆福建和江西两省进行纵深轰炸，说此举肯定能够得到美国盟邦的有力支持，美国将同台湾一道并肩作战。美国政府感到这样会令美国越陷越深，在对新中国进行军事讹诈未收到效果的情况下，又玩起老把戏，企图逼迫蒋介石放弃金门、马祖，进而造成台湾和大陆的彻底分离。蒋介石明白美国人准备脱身了，于是他不仅不撤兵，反而把驻沿海岛屿的国民党军队增加至 10 万人，并以少见的强硬态度告诉美国政府“我并无接受义务”，坚持“永远不停火”。

毛泽东审时度势，从反对美国制造“两个中国”或“台湾独立”的阴谋，以扩大反美统一战线的长远目标出发，毅然决定让金门、马祖继续留在台湾国民党当局手中。留下蒋介石乃至整个台湾当局同大陆有地理关联的这条政治纽带，从促进祖国统一大业的长远目标来看，是非常重要和必要的。制定出了“打而不登，封而不死”的决策，让金、马国民党军守而不撤，拖住美国不得脱身，以利统一解决台、澎、金、马问题。

蒋介石集团逐渐明白了中共领导人的意图。1959 年 3 月底，蒋介石集团外交部特别规定，今后对外提及大陆时，不再用“红色中国”或“共党中国”等语句，而称“中共政权”。提到他们自己时，不再用“自由中国”，而称“中华民国”。大陆、台湾之间的共同努力，一道维护了“一个中国”的局面，为实现祖国统一奠定了政治基础。这是“炮击金门”决策最大的收获。同时也向全世界证明，中国的内政，绝不容许外来干涉，中国的统一，是任何人用任何方法都阻止不了的。

毛泽东巧妙运用了政治、外交、军事等手段，通过“金门炮战”，惩罚了以蒋介石为首的台湾当局，收到了“整家法”的预期效果；同时也粉碎了美国妄想霸占台湾、制造“两个中国”的图谋。“金门炮战”之后，以毛泽东为核心的中共中央第一代领导集体形成了完整的对台政策。

资料出处：

1. 阎明复：《1958 年炮击金门与葛罗米柯秘密访华》，《百年潮》，2006 年第 5 期。

2. 刘建萍：《1954 年中国炮击金门时期苏联对华政策》，《烟台大学学报（哲学社会科学版）》，2009 年第 3 期。

（二）问题思考

1.“金门炮战”发生的时代背景是怎样的？

2.“金门炮战”展现了毛泽东的哪些指挥艺术？

3. 你如何看待“炮击金门，意在击美”的观点？

（三）案例分析

“炮击金门”是新中国走上世界舞台的又一个重要环节，毛泽东巧妙地运用政治、军事、外交技巧和手段与美国博弈，揭穿并挫败了美国分裂中国的图谋，打破了西方国家对新中国的围堵，最终验证了“帝国主义都是纸老虎”的至理名言。由此让世界看到中国捍卫祖国主权和领土完整的决心，迫使西方国家放弃了把新中国扼杀在摇篮里的念头，从此承认了新中国的国际地位，为国家发展和繁荣扫清了障碍。

（四）教学建议

在讲解新中国成立以后面对国际和国内形势时，应该从朝鲜战争与“炮击金门”之间的联系和当时台海关系中美国插手中国内政，妄图分裂中国的图谋入手，讲明白中苏、中美以及中国与西方国家的关系，讲清楚打破西方国家对中国的围堵局面非常有必要性，突出表现新中国领导集体的智慧和技巧。

【案例3】毛泽东《七律二首·送瘟神》

（一）案例文本

七律·送瘟神

读六月三十日《人民日报》，余江县消灭了血吸虫。浮想联翩，夜不能寐。微风拂煦，旭日临窗。遥望南天，欣然命笔。

其　一

绿水青山枉自多，华佗无奈小虫何！

千村薜荔人遗矢，万户萧疏鬼唱歌。
坐地日行八万里，巡天遥看一千河。
牛郎欲问瘟神事，一样悲欢逐逝波。

其　二

春风杨柳万千条，六亿神州尽舜尧。
红雨随心翻作浪，青山着意化为桥。
天连五岭银锄落，地动三河铁臂摇。
借问瘟君欲何往，纸船明烛照天烧。

资料出处：

毛泽东：《七律二首·送瘟神》，《人民日报》，1958 年 10 月 3 日。

（二）问题思考

新中国成立初期的公共卫生事业开展的重大意义是什么？

（三）案例分析

在毛泽东诗词中，这是唯一专门以民生问题、医疗事业为主题写的作品。《送瘟神》是革命浪漫主义的杰作。其一描写旧社会，色泽暗淡，人悲鬼欢；其二反映新社会，色彩热烈，一片春意。毛泽东心系百姓，情注民生，彰显了为人民抒写、为人民抒情、为人民抒怀的领袖情怀。

（四）教学建议

本案例建议在第九章第三节教学中使用，突出党和政府对突发危机的防治。

【案例4】“两弹一星”的辉煌工程

（一）案例文本

中国的“两弹一星”，是20世纪下半叶中华民族创建的辉煌伟业。1964年10月16日我国第一颗原子弹爆炸成功，1967年6月17日我国第一颗氢弹空爆试验成功，1970年4月24日我国第一颗人造卫星发射成功。这是中国人民在攀登科学高峰征途中创造的“两弹一星”的人间奇迹。

1.“两弹一星”决策的历史背景

20世纪五六十年代，新中国面对严峻的国际形势，为抵制帝国主义的武力威胁和核讹诈，以毛泽东同志为核心的第一代党中央领导集体，根据当时的国际形势，为了保卫国家安全、维护世界和平，高瞻远瞩，果断地作出了独立自主研制“两弹一星”的战略决策。大批优秀的科技工作者，包括许多在国外已经有杰出成就的科学家，以身许国，怀着对新中国的满腔热爱，响应党和国家的召唤，义无反顾地投身到这一神圣而伟大的事业中来。他们与广大干部、工人、解放军指战员一起，在当时国家经济落后、技术基础薄弱和工作条件十分艰苦的情况下，自力更生，发愤图强，完全依靠自己的力量，用较少的投入和较短的时间，突破了原子弹、导弹和人造地球卫星等尖端技术，取得了举世瞩目的辉煌成就。

“两弹一星”的研制工作者们，是一支特别能吃苦、特别能战斗的队伍。他们在茫茫无际的戈壁荒原，风餐露宿，不辞辛劳，克服了各种难以想象的艰难险阻，经受住了生命极限的考验。他们运用有限的科研和试验手段，依靠科学，顽强拼搏，发愤图强，锐意创新，突破了一个个技术难关。他们所具有的惊人毅力和勇气，显示了中华民族在自力更生的基础上自立于世界民族之林的坚强决心和能力。

“两弹一星”的辉煌成就，打破了帝国主义对中国的核讹诈和核垄断。

这一成就既为中国科学技术跨越式发展积累了成功经验，也为中华民族创造了宝贵精神财富。

2.“两弹一星”精神

“热爱祖国、无私奉献，自力更生、艰苦奋斗，大力协同、勇于登攀。”“两弹一星”精神是中华人民共和国诸多“精神”中的一个，象征了在恶劣环境下，从事科学技术开发研究的精神，也是科教兴国政策的开端。“两弹一星”是在非常艰苦、没有外援的环境下所开发出来的成果。“两弹一星”的精神象征了中华民族自力更生、在社会主义之下集中力量从事科学开发研究，并创造“科技奇迹”的态度与过程，组合的元素则为“爱国主义”“集体主义”“社会主义”与“科学精神”，并可以衍生至“科技创新”“知识经济”等领域。

“两弹一星”极大地鼓舞了全党全军全国人民的斗志，增强了民族凝聚力，激发了振兴中华的爱国热情。正如邓小平同志曾经指出的：“如果六十年代以来中国没有原子弹、氢弹，没有发射卫星，中国就不能叫有重要影响的大国，就没有现在这样的国际地位。这些东西反映一个民族的能力，也是一个民族、一个国家兴旺发达的标志。”

“两弹一星”研制过程中，我们看到了高水平的技术跨越。从原子弹到氢弹，我们仅用两年零八个月的时间，比美国、苏联、法国所用的时间要短得多。在导弹和卫星的研制中所采用的新技术、新材料、新工艺、新方案，在许多方面跨越了传统的技术阶段。“两弹一星”是中国人民创造活力的产物。新世纪的国际竞争，从根本上讲是高科技、高素质人才的竞争，是知识创新、技术创新的竞争。要把建设有中国特色社会主义事业推向前进，要在激烈的国际竞争中得到发展，就要努力学习和发扬功臣们的爱国主义精神、无私奉献精神和勇于创新精神。

20 世纪 50 年代的新中国，百废待兴，面对国际社会严峻的核讹诈和军备竞赛，以毛泽东同志为核心的党中央第一代领导集体毅然做出发展原子弹、导弹、人造地球卫星，突破国防尖端技术的战略决策。1956 年，研制导弹、原子弹被列入我国科学技术发展规划。仅用 4 年时间，1960 年我国就成功地发射了第一枚自主研制的导弹。1964 年，我国研制的第一颗原子弹爆炸成功，1967 年又爆炸成功第一颗氢弹。1970 年，我国的“东方红一号”人造卫星上天。

“两弹一星”不仅为我们建立战略导弹部队提供了装备技术保障，增强了我军在高技术条件下的防御能力和作战能力，促进了经济建设和科技进步。“两弹一星”的巨大成就，是中国人民挺直腰杆站起来的重要标志，极大地鼓舞了全党全军全国人民的斗志，增强了民族凝聚力，激发了振兴中华的爱国热情。

3. 中国“两弹一星”的历史影响

（1）对改善我国战略安全态势及对世界格局的影响。中国“两弹一星”的研制成功震惊了全世界，尤其是美国和苏联。据已经解密的历史档案证实，美国至少有 5 次计划过对无核的中国使用核武器。20 世纪 60 年代末，当中国的核武器试验成功不久，尚未具备远程攻击能力时，苏联军方也计划过对华实施“外科手术式的核打击”。忽然如梦幻般的听闻中国的原子弹、氢弹相继爆炸成功，美、苏震惊之余，终于重新审视中国的国际地位了。当“两弹一星”工程结束后，中国的国际地位空前提高，战略安全态势稳固了许多，为我国的和平崛起提供了强有力的保障。毫不夸张地说，如果中国没有“两弹一星”，中国至今说话也没有分量，60 年代我国试验原子弹、氢弹成功，1970 年又发射人造卫星成功，1971 年就恢复了在联合国的合法席位，这里面的因果关系是不言自明的。

（2）对我国科技事业发展的影响。新中国成立后，在我国科技、经济基础都十分薄弱的情况下，精准把握世界发展趋势，果断作出了发展“两弹一星”的战略决策。在那些顶级科学家老前辈带动下，我国核科学技术与航空技术突飞猛进，依靠自己的力量相继研制成功了“两弹一星”，随后又基本掌握了核电站的自主设计建造技术，在以放射性同位素与辐射技术为代表的核技术应用方面也取得了较大的成绩，同时还建立了比较完整的核科研与核工业体系及航空航天工业体系。优秀的专业人才也从新中国成立初期的寥寥数人发展到数万人之众，这些高精尖技术的发展还带动了很多其他行业的飞速发展，极大地促进了我国整体科技事业的发展。

（3）对爱国主义精神的弘扬。“两弹一星”功臣们中的许多人都在国外学有所成，拥有优越的科研和生活条件，为了投身于新中国的建设事业，冲破重重障碍和阻力，毅然回到祖国。几十年来，为了祖国和人民的最高利益，默默无闻、艰苦奋斗，以其惊人的智慧和高昂的爱国主义精神创造着人间奇迹。“中华民族不欺侮别人，也绝不受别人的欺侮”是他们坚定的信念。爱国主义是他们创造、开拓的动力，也是他们克服一切困难的精神支柱。因此我们中国人都要学习他们的爱国主义精神。另外我们还要学习他们的勇于探索、勇于创新的精神及艰苦奋斗、无私奉献的精神，即“两弹一星”精神。

资料出处：

1. 钱江：《走近共和国“两弹一星”元勋们》，《党史博览》，2003 年第 5 期。

2. 刘振坤：《感人的历史情怀——记颁发“两弹一星功勋奖章”的故事 》，《科学时报》，2009 年 12 月 4 日。

（二）问题思考

1.“两弹一星”精神是什么？当代大学生应该怎么学习“两弹一星”

精神，践行社会主义核心价值观？

2. 结合“两弹一星”伟大工程对国际社会的影响，谈谈青年人应该怎样理性爱国？

（三）案例分析

目前网络上关于“两弹一星”的文章很多，大多局限于报道、回忆及宏观分析。为了促进科学的深入研究和中国科学的健康发展，我们还要详细分析“两弹一星”工程的成功经验与启示。深入研究“两弹一星”工程对国家安全的贡献，探索“两弹一星”精神对中国在国际社会上的长远辐射影响，这将对我国科技发展、经贸发展和实现“中国梦”有极大的促进作用。

（四）教学建议

“两弹一星”的伟大工程，保证了我国开展社会主义建设的稳定国际环境，为我国经济腾飞和实现“中国梦”创造了安全保障。更重要的是，我们应该让青年学生能够把以上四个案例连接起来，综观全局，从宏观上了解那个时代老一辈无产阶级革命家的大胸襟、大智慧、大策略，几个案例环环相扣，都从不同的侧面促成了国际社会对新中国的接纳和认可，并确立了新中国在联合国的大国地位，捍卫了中国在世界格局中的安全。为当今中华民族的伟大复兴，实现“中国梦”，奠定了坚实基础，也为中国新时代，解决社会主要矛盾，更好满足人民日益增长的美好生活需要创造了条件。

第十章 中国特色社会主义的开创与接续发展

一、教材分析

（一）教学目的

本章的教学目的是使学生深化对改革开放成功原因的认识，认识改革开放取得成功的关键在于中国共产党的正确领导，中国共产党的性质与宗旨决定了其有能力担当起领导改革开放的历史重任；认识改革开放和中国特色社会主义道路是历史的选择，人民的选择；深刻体会只有坚持中国共产党对全面深化改革和对外开放的领导，改革开放事业才能取得更大的成功。

（二）教学重点难点

【教学重点】

1. 改革开放历程开启的历史背景，中共十一届三中全会的主要内容和伟大意义，以及全面总结新中国的历史，科学评价毛泽东和毛泽东思想。

2. 改革开放各阶段中国共产党的重大理论、路线、方针、政策的提出与贯彻。

3. 中国特色社会主义事业的开创与接续发展。

【教学难点】

1. 改革开放的巨大成就，取得巨大成就的根本原因和主要经验。

2. 改革开放后 40 年与改革开放前 30 年的相互联系和重大区别。

（三）基本知识结构

第十章《中国特色社会主义的开创与接续发展》知识点层级关系		
一级知识点	二级知识点	三级知识点
中国特色社会主义的开创与接续发展	历史性的伟大转折和改革开放的起步	历史性的伟大转折
		改革开放的起步
		拨乱反正任务的胜利完成
	改革开放和现代化建设新局面的展开	改革开放的全面展开
		改革开放和现代化建设的深入推进
		中国特色社会主义事业的继续推进
	中国特色社会主义事业的跨世纪发展	改革开放新的历史性突破
		进一步推进改革开放和现代化建设
		改革开放和现代化建设的跨世纪发展
	在新的历史起点上推进中国特色社会主义	全面建设小康社会战略目标的确定
		把中国特色社会主义推进到新的发展阶段
		改革开放和现代化建设的巨大进展

二、典型案例

【案例 1】大道之行——周家庄集体经济

（一）案例文本

从河北省省会石家庄驱车东行 50 公里，就来到驰名天下的周家庄。周家庄因农业合作化而摆脱贫困，走向富裕；因集体经济搞得好而多次受到中央和省、地、市领导的表彰；更因历经 50 余年风风雨雨，坚持集体经济不动摇而声名远播，被媒体称作是最后的“人民公社”。

在农业合作化的道路上走在前面

1953年，党中央确定了对农业、手工业和资本主义工商业实行社会主义改造的过渡时期总路线。在党的过渡时期总路线指引下，到1954年2月，以曹同义合作社为核心，周家庄村的10个初级农业生产合作社和13个互助组联合起来，成立了周家庄农业生产合作社，入社农户达425户，占全村总户数的87.8%。他们总结以往生产管理、计工分红的经验，摸索出一套“包工包产”和“按件计工”的办法，使合作社越办越好。1954年3月12日，《河北日报》用了整整一个版面，介绍周家庄合作社的生产管理经验。与此同时，河北省又在周家庄建起了拖拉机站，在农业机械等方面积极扶持合作社发展生产，合作社也利用自身优势开办农副产品加工业，进一步增强了集体经济实力，增加了社员收入。

1956年2月，周家庄及毗邻的5个村的初级社先后转入高级社，同时按照县委指示，6个村合并成一个联村大社“周家庄农业生产合作社”。周家庄村党支部书记雷金河任社长兼合作社党总支书记。全社实行统一生产经营，统一计工分配。借鉴初级社的“定额管理”法，他们积极探索对联村大社实行“劳动管理”的办法，在生产实践中取得了巨大成功。至此，周家庄农业生产合作社成为与遵化县王国藩的“穷棒子社”、饶阳县耿长锁的五公村合作社齐名的河北省农业战线“三面红旗”之一，在全国也有了相当的知名度，党总支书记雷金河成为全国劳动模范，被誉为“冀中一杰”。

坚持集体所有、统一经营、两级管理

“文革”10年，周家庄这个全国农业战线的先进典型也被说成“复辟资本主义的黑样板”，雷金河也遭受群众批判。党的十一届三中全会以后的1978年12月23日，中共晋县县委在周家庄召开大会，为雷金河平反昭雪，任命他担任周家庄人民公社管委会主任、党委书记。周家庄其他在

"文革"中蒙冤受迫害的干部也陆续获得平反。以雷金河为首，新的公社领导班子很快组建起来，周家庄人民公社又有了自己的坚强领导。

新班子上任后，周家庄公社带领周家庄人民继承发扬自互助合作运动以来形成的优良传统，恢复了"定额管理""三包一奖"的生产责任制，极大地调动了群众的生产积极性。他们还抓住机遇，调整产业结构，扩大当地优势作物棉花的种植面积。1979 年，全公社种植棉花 5735 亩，平均亩产 106.4 斤，比 1978 年提高 1.5 倍。由于加强了财务管理、计划管理和成本核算，周家庄的棉花不仅产量高、质量好，而且每亩棉花的生产成本由上年的 53.7 元，下降到 30.16 元。也是在这一年，全社粮食产量比上年增长 131%，农工副业纯收入增长 82%。再加上各项生产和非生产事业都降低了成本，社员普遍增加了收入，集体积累也厚实了，除了还清全部外债，还积累了 70 余万元的现金。1980 年，周家庄人民公社再次被评为全国农业生产先进单位，受到国务院嘉奖。群众由衷地称赞："还是咱老社长行！"

在随后的几年里，我国农村经历了一场翻天覆地的大变革，家庭联产承包责任制，即"大包干"，凭借其责任明确、方法简便、利益直接、易于推广等优势很快被各地农民群众接受，各级党委、政府都把落实中央精神，推行家庭联产承包责任制作为自身工作的重中之重。

周家庄又一次来到了历史的转折点。是随波逐流，先分田，后分队，把耕地分割到户，把企业拍卖到人，把集体积累化整为零，还是坚持统一经营，继续发挥集体经济的优势？公社党委把问题提到全体社员大会上，还组织干部社员到实行了"大包干"的邻村考察参观。经过长时间的大讨论，干部、社员的意见渐渐统一了：中央的精神是"宜统则统，宜分则分"，反对搞"一刀切"。周家庄人民公社已经有了较为雄厚的集体积累。社队工副企业已经具备了一定规模；农业生产实现了方田化、机械化；有了一套完整的“定额管理”“三包一奖”的生产责任制，实际上已经打破了“大锅饭”。这和中央关于解放思想、实事求是的要求是一致的。有人形象地说：“小脚穿大鞋不好，大脚穿小鞋也不合适啊。”最后大家一致决定，从自身实际出发，坚持集体经营、共同致富的体制不变。

在当时的大背景下，对于周家庄的决定，各级领导、社会各界看法不一。中共河北省委书记兼省长李尔重为此专门深入周家庄调查研究，听取方方面面的意见。雷金河向他详细汇报了周家庄人民公社的实际情况和群众意愿，还向省委领导作出保证：不分田到户，社员的收入可以高于分田到户的农民。当时，他说了一句颇有分量的话：“给我们一年时间搞试验，如果搞得不如‘大包干’好，来年我们也把地分了。”

事后省领导拍板：尊重周家庄干部群众的意愿。于是，周家庄人民公社原有的集体生产体系保存下来了。1983 年 3 月，按照上级要求，周家庄人民公社改为周家庄乡，成立了乡党委、乡人民政府和乡农工商联合公司，不久，农工商联合公司又改称农工商合作社。名称虽然变了，但生产资料集体所有制没有变，统一经营、两级管理、以社为基本核算单位的体制没有变，实行“定额管理”“三包一奖”的生产责任制没有变。用李尔重的话说，是“换汤不换药，保存了一个完整的集体所有制的周家庄”。

集体经济显示出巨大优势

在改革开放的新时期，全国各行各业一步步地走上了发展社会主义市场经济的道路。在这场巨大的历史转变中，周家庄的集体经济经受住了市场风浪的考验，显示出巨大的优越性。

依靠集体经济的强大实力和多年积累的丰富经验，周家庄人不向国家贷一分钱的款，陆续建起了一批规模不等的社办工业企业，其中五金水暖厂、彩色胶印厂、纸箱厂、建筑公司等 10 多家企业发展迅速，带动全乡步入工业发展的快车道。特别是五金水暖厂生产的阀门，1987 年取得国家机电部颁发的工业产品许可证，1988 年获得河北省优质产品证书。1994 年，周家庄五金水暖厂与韩国光进阀门工业株式会社合资，改称阀门厂，迅速发展成为长江以北大型阀门生产企业之一。

在传统的种植业，集体经济同样显示出巨大优势。经过几十年大规模的农田基本建设，全乡农业生产条件大为改善，100 多眼机电双配套机井，使土地的抗旱能力增强；全乡统一治理沙岗，改良土壤，平整耕地，规划田、水、林、路、电，适应水利化、机械化和电气化的发展，实现了园田化种植；实行“以工补农”，农业生产合作社利用工业企业注入的资金，购置了大量拖拉机、柴油机、电动机、收割机、播种机、旋耕机、秸秆还田机等农业机械，从春种、夏锄到秋收，从灌溉到脱粒，基本实现了机械化，减轻了社员的劳动强度，改善了生产条件，降低了生产成本，提高了生产效率。同时，依靠雄厚的科技研发能力，各生产队对传统的间作、套种、复种、有机肥料施用等技术加以改进和提高，建立了与之相适应的科技推广、良种繁育、生态环境保护和经营管理等支撑体系，实行精耕细作，提高了农业生产的集约化程度。近年来，他们又发挥土地规模经营优势，调整农业产业结构，先后建成了 4000 亩无公害红地球葡萄、6000 亩优质种子田、2000 亩出口鸭梨和 1000 亩高档苗木等大型专业化生产基地。由于实行了专业分工，发挥了规模效益，产量上去了，质量提高了，经济效益成倍增加。

没有富豪，也没有穷人

“不让一户贫困，不让一家后退，不让一人掉队，不让一人受罪，团结互助劳动，共享幸福滋润。”写在周家庄合作史展览馆里的这段话，让许多前来参观的人动容。

“老有所终，壮有所用，幼有所长，鳏寡孤独废疾者皆有所养。”这是古代圣贤对“大同社会”乃至当今社会主义社会的期盼与理想。这些，在今天的周家庄正渐渐成为现实。

资料出处：

宋连生：《大道之行——周家庄集体经济57年历史写真》，《党史文汇》，2008年第11期。

（二）问题思考

1. 试述20世纪70年代末、80年代初中国农村的经济体制改革状况。

2. 周家庄集体经济的存在和发展给予我们哪些启示？

（三）案例分析

中共十一届三中全会以来，当党把工作的着眼点转移到社会主义现代化建设上来的时候，国民经济停止、倒退的局面虽已扭转，但重大比例关系失调的情况仍然严重。1979年4月召开的中央工作会议提出对国民经济实行“调整、改革、整顿、提高”的方针。农业是我国国民经济的基础，农业人口占总人口的80%。因此，党中央在领导经济体制改革的战略部署中，首先推进农村改革。当时农业和农村面临两大问题：一是“政社合一”的人民公社体制亟待改革，二是还有两亿多农民的温饱问题尚未解决。这些都涉及农村生产关系的调整问题。

从1978年开始，安徽、四川的基层干部和农民群众，在省委支持下，开始探索试行包产到组、包产到户、包干到户等多种形式的农业生产责任制。1979年9月，中共十一届四中全会通过了《关于加快农业发展若干问题的决定》，提出要保障基层干部和农民因时因地制宜的自主权，发挥其主动性。1980年5月，邓小平发表《关于农村政策的谈话》，肯定了包产到户这种形式，指出它不会影响我们制度的社会主义性质。在中共中央的支持和推动下，以包产到户、包干到户为主要形式的家庭联产承包责任制，在全国各地逐渐推广开来。

1983 年 10 月，中央作出决定，废除人民公社，建立乡（镇）政府作为基层政权，同时成立村民委员会作为村民自治组织。废除人民公社体制后，也有部分农村没有实行以分散经营为主的家庭联产承包责任制，而是继续坚持统一经营的集体经济。对此，党和政府也给予了支持和鼓励。

河北周家庄就是其中一个坚持集体经济体制的例子，而且周家庄的集体经济经受住了市场风浪的考验，显示出巨大的优越性。一方面，在全国废除人民公社体制的背景下，周家庄集体经济得以保留，充分贯彻了中央“宜统则统，宜分则分”，反对搞“一刀切”的精神，体现了中央和地方解放思想、实事求是的作风；另一方面，周家庄作为中国农村现代化发展的典型，既为我们解决现在的三农问题提供了有益的借鉴，也成为我们思考当下农村土地经营权有序流转、发展农业适度规模经营新政策的一个角度。

（四）教学建议

既可以从历史角度去讲解十一届三中全会、人民公社、家庭联产承包责任制等知识点，也可以切入到三农问题、社会主义新农村建设、农村土地新政策等时事热点讨论，这是一个可以引发学生思考和互动的话题，可以让学生来分享他们眼中的现在农村经济和生活，也可以引导学生拟定相关题目开展暑期社会实践调查，完成调研报告。

【案例 2】马胜利——国企承包第一人

（一）案例文本

他曾是国企改革的风云人物，被称为“承包国有企业的第一人”，创造过“一包就灵”的改革神话；曾先后 4 次受到邓小平接见，当选为中共十三大代表，荣获全国轻工劳动模范、中国优秀企业家、有突出贡献中青年专家等荣誉称号和两次全国五一劳动奖章；他曾是 100 家亏损企业的厂长，但经营的失败让他跌进人生的低谷。历史变革故事的背后，印证着他传奇的人生，他就是马胜利。

乍一提到这个名字，很多年轻人也许会觉得陌生。然而，回顾改革开放的历程，作为 20 世纪 80 年代国企改革的先行者，无疑是一个闪光的起点，是一座绕不过去的改革里程碑。

一马当先　一包就灵时代

1984 年，河北石家庄造纸厂酝酿着找个能人来承包，一年只要交厂里 17 万就行了。1984 年 3 月 28 日，石家庄造纸厂门前突然出现一份《向领导班子表决心》的大字报：我请求承包造纸厂……我的办法是“三十六计”和“七十二变”……

大字报的作者正是该厂 46 岁的业务科长马胜利。

这封公开信全文只有 80 多个字，是决心书，是军令状，更是向旧体制、传统观念的挑战。那个时候安徽凤阳小岗村虽然在农村实行了家庭联产承包责任制，但城市的国有企业还是铁桶般的计划经济，上级委任厂长，下达生产指标。这封公开信的贴出如一石激起千层浪，围观的职工和路过者人山人海，阻塞了交通。厂内更是炸了锅，有人说他“抢班夺权”，有人说他“野心大暴露”，要求立即免去科长职务。马胜利也不示弱，决心书不但贴在厂门前，还送到市一轻局，引发市民议论纷纷，拭目以待。

当时石家庄造纸厂的境况是，当年国家下达的年产利润计划 17 万元，厂领导却不敢接下来，讨价还价说还得亏损 10 万。马胜利说：“要是我承包，把 17 万掉个个儿，实现利润 70 万。”在党中央改革开放大气候下，4 月 19 日经过 100 多人参加的答辩会，马胜利胜出，在承包合同上签字，立下军令状，承包了石家庄造纸厂。政策、人心、个人条件三者俱备，马胜利顺理成章地被委任为石家庄市造纸厂新一任厂长。

马胜利走马上任以后，就把“打破大锅饭，砸烂铁交椅”，横批：“多劳多得”的对联贴在厂门口，并且迅速地实施“层层承包，责任到人”的经营方式。他以“市场需要”为导向，推出改革的多种措施。上自企业管理、用人方法，下至产品销售、员工激励，马胜利总结了 36 项治厂措施和 72 项变通方法。他说：“市场需要什么，我们就生产什么。”根据市场需求，他把原来的一种“大卷子”规格变成了六种不同的规格，颜色也由一种变成三种，还研制出“带香味儿的香水纸巾”。现在饭店厨师戴的那种白色的纸帽子，就是马胜利那时候发明的；妇女用的卫生巾，以前辞典上没有这个词，也是马胜利创新出来的。马胜利承包第一个月，造纸厂利润超过 21 万，第一年 140 万，第二年 280 万，第三年 320 万……连年亏损的工厂摇身变成效益大户，石家庄造纸厂借改革之势成为全国明星企业。马胜利承包四年，利润增长 22 倍。

这在“摸着石头过河”的年代，马胜利简直走出了一条起死回生之路，“承包”成为解决计划经济体制下国营企业困境的第一副“药方”。彼时，石家庄以“撞击反射式”综合改革而闻名全国，除了“马承包”，还有“张联合”“夏服务”“许引进”，并称石家庄经济改革“四大名旦”。不只石家庄，全国各地也刮起一阵“马旋风”，一些亏损企业打出了“强烈要求马胜利厂长承包我厂”的横标。

时任中共中央总书记的胡耀邦到河北考察，听了省领导的汇报后说，马胜利搞承包比较好，干脆就叫他“马承包”吧。新华社的长篇通讯《时刻想着国家和人民利益的好厂长马胜利》被多家媒体转载。马胜利先后被评为首届全国优秀企业家、首届全国民族团结进步先进人物，两次荣膺全国五一劳动奖章，当选中国共产党第十三次全国代表大会代表。马胜利很快成为赫赫有名的新闻人物。在城市国企改革除旧布新的破冰之旅中，马胜利是先行者，其功绩已载入了史册。

万马奔腾　百家企业法人代表

20 世纪 80 年代末，马胜利的声音响彻在各种场合的座谈会或讲座上。他提出的“三十六计”和“七十二变”承包思路成为国营企业摆脱困境的灵丹妙药。1986 年底，马胜利获得“勇于开拓的改革者”称号。1987 年。马胜利被评为国家有突出贡献的科学技术专家。1988 年，马胜利和鲁冠球、汪海等 20 人荣获全国首届企业家金球奖、全国十大新闻人物。1986 年和 1988 年，马胜利两次获得五一劳动奖章，迄今为止全国只有他一人两次获此荣誉。1987 年，马胜利开始放眼全国。他下杭州、赴山西，在极短的时间内将全国各地 28 家企业变成“马胜利造纸集团”的会员，这一年，马胜利还被评为国家有突出贡献的科学技术专家。1988 年，他再次名声大震。这年 1 月 19 日，中国马胜利造纸企业集团隆重成立，在不到两个月的时间里，他与全国 28 家企业签订了承包合同，另有 70 多家也在请他。摊子越来越大，马胜利成为 100 家造纸企业唯一法人代表。而这些企业遍布全国各地，即使在一个企业待三天，马胜利转一圈也需要 1 年。

作家高峰曾在作品《马承包新传》中真实地记载了马胜利所到之处引起的轰动和马氏的魅力：“他谈笑风生，话语幽默而又风趣，会场内外鸦雀无声，听得人们如痴如醉，长达三个小时的报告，竟无一人走动，有人憋着尿也不去厕所。”一次次的演讲，一个个的承包，一场场的签约，马胜利似乎成了一根神奇的救命稻草。

马失前蹄　下坡与上坡一样快

承包的问题很快出现。“因为承包工厂就要派出干部。马胜利派的班组长的水平并不一定高于原有领导干部的水平，换句话说，派出去的人不是马胜利，不是马胜利第二，不是马胜利第三。”高梦龄说。不少承包企业在扭亏以后再次出现亏空。

1988年5月26日，浙江省《金华日报》以《鞭长莫及，抑或是代理人无能——马胜利承包浦江县造纸厂失利》为题，第一次提出了引人注目的“马胜利失利”现象。同年7月，媒体的作用再次显现，一些承包企业开始提出终止承包合同。从1989年下半年起，马胜利的日子开始不好过了。1990年石家庄造纸厂亏损300多万元，马胜利危如累卵;1991年5月，马胜利造纸企业集团解散。由于企业的发展接连出现困难，困难得不到有效、及时解决，最终累及他的大本营——石家庄造纸厂。

“我那时好胜心强，有个人英雄主义，承包对象必须是亏损企业，让能盈利不亏损的企业都靠边站，越穷越好，越次越好。100个落后企业，困难集中到一起就大了，自己给自己下了个套。而且，先是把厂里中层领导派出去，最后连班组长、工人也派出去了，结果外面的企业没搞好，还累及大本营。”马胜利总结道。

1994年，挂在石家庄造纸厂门口那块“厂长马胜利”的铜字招牌被勒令拆除。市场并不同情失误，1995年10月的一天，当时56岁的马胜利被石家庄市轻工局叫去谈话，几分钟后被强行免职。拿着每月135元的退休金，他黯然回家。虽然最终的审计表明马胜利在经济上是清白的，但这个原本享受国务院特殊津贴、有突出贡献的专家，突然间所有的待遇都被取消。

1995年石家庄造纸厂资不抵债，申请破产；1997年，破产企业石家庄造纸厂被朝阳企业集团公司接收。

马胜利说，他没看到免职的红头文件，只口头说经济效益下滑。“所以我经常说，我们那一代是改革的一代，也是牺牲的一代。”马胜利的下坡速度和上坡速度几乎一样快。

回过头来，对于那个跨省性集团的昙花一现，老年的马胜利苦笑着说：“思想太超前也不利于改革。”“对于造纸集团的解散，我不认为是失败，只是没成功。在当时交通、通讯等不发达的社会基础上，造纸集团同样是一种冲破，它第一次冲破这种地方保护主义。但我承认，太个人英雄主义的确是一定的原因，在很多方面急于求成，过于急躁。同时，改革也要符合实际情况，太超前脱离实际，也不行。我们那时叫‘摸着石头过河’，我是光顾着往前跑了，但是没有注意脚下的石头。但改革不能以成败论英雄，更不能拿今天的标准去衡量。”马胜利给了此事件这样的定性。

资料出处：

1. 鲁超国、刘海鹏、耿小勇、郑燕峰：《马胜利 中国企业承包第一人》，《中国市场》，2012 年第 51 期。

2. 黄成俊：《国企改革第一人 马胜利》，《回族文学》，2014 年第 5 期。

（二）问题思考

1. 马胜利为什么会取得国企承包的巨大胜利？

2. 马胜利为什么又迅速失利？

（三）案例分析

身处 20 世纪 80 年代，马胜利无疑是幸运的，因为那是个破旧立新的时代。马胜利的承包之所以能够成功，关键在于两个因素，一是得益于国家经济体制改革新政策，一是马胜利找到了“对接市场”这个诀窍。

1982 年中共十二大提出了“走自己的路，建设有中国特色的社会主义”的口号。1984 年，中共十二届三中全会通过《关于经济体制改革的决定》，决定突破把计划经济同商品经济对立起来的观点，指出我国社会主义经济是在公有制基础上的有计划的商品经济。从此，经济体制改革以城市为重点全面展开，所有制结构突破单一公有制结构，形成以公有制为主体、多种经济成分并存发展的局面，国有企业的经营自主权逐步扩大，所有权和经营权适当分离。到 1987 年，80% 的国有企业实行了各种形式的承包经营责任制。马胜利正是在这个政策背景下一步步发展起来，成为改革的弄潮儿。

马胜利的成功，还在于他先人一步，将企业的生产放到市场这个环境中，与市场需求对接了起来。在当时市场经济体制还没有确立的环境下，马胜利能够这样做，是难能可贵的。在我国 40 年来国企改革的道路上，马胜利迈出的这一步用今天的眼光来看似乎很平凡，却已在很大程度上切准了市场经济的穴位，成为他成功的关键因素。

但是，马胜利的承包成功却只是昙花一现。很显然，承包全国 100 家造纸厂是他犯下的一个致命的错误。“我吃亏在好大喜功上，马胜利是人不是神啊！”马胜利曾经痛定思痛，总结了“我的十大失误”，包括骄傲自满盲目扩张、派驻员工却失于管理、疲于作报告错失发展良机、缺乏持续不断的创新等。今天，我们在回忆马胜利对中国国企改革作出的特殊贡献的同时，也有必要认真总结他从成功到失败的教训。中国国企改革中的承包制已经基本被舍弃，国家开始从管国资的途径来实现对国企的管理，政府的职能正在转换。在这样的环境中，对于国企来说，一个必须直面的问题就是如何面对市场。只有谦卑地保持对市场规律的尊重，一切从市场出发，企业才能立于不败之地，这是马胜利留给国企改革的殷鉴。

改革开放第一代企业家多数历经兴旺至极到瞬间崩溃的巨变，其间的兴衰荣辱的确令人感慨万千；但另一方面，初创者由盛及衰，是市场体制建设逐步趋于完善的重要标志，是整体国民福祉获得提升的必由之路。

（四）教学建议

马胜利只是国企改革初期无数成功案例中的一个，在组织学生们分析案例的同时，可以鼓励学生举出更多类似的案例。但是案例分析的重点不是某个人、某件事，而是通过个人的故事，引导学生去分析那个时代的故事，使他们认识到改革开放、经济体制改革、国企改革的艰辛与希望。

【案例 3】节能减排，打造生态唐钢

（一）案例文本

唐钢是一个拥有七十多年历史的老企业，在日新月异的时代背景下，把建设环境友好、生态和谐型唐钢摆在了企业生存与发展的一个重要高度，提出了建设“国内领先，国际一流”钢铁企业的目标。在河北钢铁集团组建两年时间里，唐钢经过整体规划，实施结构调整、节能减排、大规模的拆除和环境改造，厂区环境面貌发生了翻天覆地的变化，“生态唐钢”呈现在世人面前。

转变观念，勇于承担社会责任

唐钢是 1943 年建厂的国有特大型钢铁联合企业。多年的发展，装备水平实现了大型化，产量规模超过了千万吨，产品结构实现了升级换代，为唐山市、河北省乃至国家的经济发展作出了重要贡献。但是，随着节能减排工作的不断深入，以及唐钢创建科学发展示范企业步伐的加快，唐钢深刻感受到节能减排的任务从来没有像今天这样重，对此唐钢从上到下清醒地认识到：节能减排、创建科学发展示范企业既是实践科学发展观的内

在要求，也是实现经济转型和可持续发展的必然要求。完成河北省委、省政府确定的节能减排目标，既是展现企业的社会责任感和公益意识、融入城市整体规划、实现社企融合的需要，同时，又是顺应历史发展潮流、自身生存发展的需要，更是关系到广大人民群众的根本利益，以绿色唐钢、生态唐钢的全新面貌，完成从传统企业到生态企业转型的需要，唐钢别无选择。

对此，唐钢在管理理念上提出了“环境是唐钢的生命线，产量、效益都要为环保让路”的新理念，同时树立起了“生存第一”“环境第一”的思想，一区环境要做到“一尘不染”，宁可牺牲产量也绝不能牺牲环境，宁可牺牲短期效益也绝不能牺牲环境，这表明唐钢已经彻底摒弃了“生产第一”“效益第一”的思想，特别是在应对国际金融危机的严峻形势面前，强调通过环境保护渡过难关、增强后劲，更有重要的现实意义。

于勇总经理提出：“唐钢在追求经济效益的同时，更要回报职工、履行好社会责任。公司斥巨资用于节能减排和环境治理，就是要将唐钢的建设、发展融入唐山市生态城市建设之中，当好唐山市创建科学发展示范区和人民群众幸福之都的排头兵，造福唐钢职工和唐山市老百姓。”

健全组织保证体系，加大系统谋划力度

2008 年下半年以来，面对历史罕见的市场变化和经营压力，唐钢公司逆势而上，把应对危机当作建设绿色生态唐钢和科学发展示范企业的最佳时机。为扎实推进节能减排工作，成立了以公司总经理为组长的节能减排领导小组，主要领导亲自挂帅，按照唐山市委提出的“成为结构调整的排头兵、节能减排的排头兵、自主创新的排头兵、社企融合的排头兵”的要求，自觉把唐钢的发展与节能减排和唐山建设科学发展示范区的大局统一起来，果断提出了“我们左右不了市场，但可以左右我们自身工作”的要求，确定了结构调整、节能减排、精细管理、环境改造等一系列的措施。

为进一步提升企业形象，2008年唐钢以全新的理念、全新的状态和更高的标准，在全公司范围内开展了以强化“抓落实、抓细节、抓深度”的精细化管理，高起点、高站位、高标准，把节能减排工作不断推向深入，向精细化管理要效益，遵循“生产服从环保”的原则，制定并下发了《严格控制烟粉尘排放管理办法》《环保设施运行管理办法》和《环境污染事故管理办法》，将烟囱、厂房冒烟现象确定为环境污染事故，这充分表明唐钢对环境保护工作的重视程度达到了前所未有的高度，也显示出唐钢对搞好环境保护工作的魄力和决心。建立了24小时现场检查制度，制定了严于国家排放标准的企业内部排放标准，组织开展了环境保护季度联查和每两周一次的环保例会制度，并按经济责任制进行严格考核。全方位的环保管理手段，不仅使唐钢的环境管理水平得到了提高，厂区环境质量得到了明显的改善，同时也为唐钢的广大职工创造了一个精美的环境。

节能减排，走出一条创新型绿色发展之路

近年来，为加快经济发展方式转变，全面完成省委、省政府下达的“双三十”单位节能减排目标，建设资源节约型、环境友好型钢铁企业，唐钢坚持以科学发展观为统领，坚定不移地走可持续发展之路，认真履行节能减排承诺，积极推行清洁生产，全力发展循环经济，不断强化能源管理和环境治理工作，在科学发展的道路上迈出了坚实步伐，走出一条创新型绿色发展之路。

面对席卷全球的国际金融危机，唐钢坚持将节能减排作为生产经营的核心工作来抓，按照“减量化、再利用、资源化”的原则，以“资金不减、项目不减、管理力度不减”的气魄和勇气，不断加快淘汰落后、技术创新和节能改造项目建设步伐，不断取得新的成效。

2009年，唐钢吨钢综合能耗完成579.9公斤标煤，年节能12.8万吨标煤；吨钢耗新水完成3.8吨，年减少外购新水409万吨；二氧化硫排放量

17725吨，年减少排放量4200吨；COD排放量889吨，年减少排放量220吨；固体废弃物综合利用率100%，提前一年完成河北省“双三十”减排目标。

唐钢全面构建并系统实施了“企业循环经济模式”，提高了资源综合利用水平：

1. 提高能源利用效率

像关注一次能源使用那样关注二次能源使用，高度重视二次能源转化利用，努力做到科学、合理、高效地利用，进而实现生产过程由可靠、可控运行到经济运行。

唐钢通过加强煤气综合利用，每年可减少外购能源费用达7.5亿元。焦炉煤气实现了零放散，高炉煤气放散率降低到1%以下，转炉煤气回收能力达到吨钢120立方米以上。唐钢利用企业余热余能建成的资源综合利用发电机组2009年发电量达到16.1亿千瓦小时，自发电量占企业用电总量的41%以上，年创效益近8亿元。

2. 实现废水资源综合利用

2009年10月30日，唐钢投资3.26亿元建设的唐钢城市中水与工业废水处理中心正式投入使用，实现了唐钢南区深井用水全部关停、工业废水零排放，在行业内率先实现了工业水源全部采用城市中水，水综合利用能力达到国内领先水平。

3. 固体废弃物综合利用率达到100%

固体废弃物得到最大限度的回收与利用，年增效益近2亿元。

科学发展，实现从传统企业到生态企业转型

多年来，唐钢始终坚持企业经济效益、社会效益和环境效益相统一的科学发展方针，努力把实现人与自然、企业与社会和谐发展作为重要工作来抓。2008年下半年以来，唐钢更是将自身环境置于唐山市生态城市建设的总体规划之中，打响了厂容环境治理工程战役。经过精心筹划，实施了以建设景观绿地和防护林带为重点的厂容治理、绿化美化总体工程。在厂区东部，建设12.9万平方米的“钢铁花园”，1.5万余株绿树林立，以坡地、树林、花卉园林等元素构成的自然景观，支撑起企业的“绿色氧吧”；在厂区北部，建设17.8万平方米的“水系生态园”，一展工业设施园林化、景观化的独特风格。在厂界周围，建设50至100米宽的防护林带，树种由混交林、乡土树种、常绿针叶树种搭配，层次丰满、色彩丰富、三季有花、四季有绿。唐钢厂区与唐山市大城山风景区和陡河带状公园交相辉映，融为一体。

与此同时，规划建设了四个服务区、五个停车场，职工刷卡入厂，就餐、洗浴、停车等实现了集中规范管理，代步工具全部停入厂门停车场。集中完成了厂区超大规模绿化和物流优化工作，新增绿化面积达45万平方米，新植树木4万株，厂区绿化覆盖率由21%提高到42%。

2009年5月25日，河北省委常委、唐山市委书记赵勇同志到唐钢现场办公，称赞唐钢：生态环境发生巨大变化，节能减排取得显著效果，在科学发展道路上迈出了坚实步伐，成绩显著、经验宝贵。希望新唐钢要建设生态唐钢、科技唐钢、效益唐钢、和谐唐钢，做科学发展示范企业的样板。

唐钢的发展过程，一直是学习、进步的过程。节能减排，发展绿色钢铁，成就了唐钢过去的成绩，也必将推动唐钢实现从传统企业向生态企业转型！

资料出处：

苏福源：《节能减排 打造生态唐钢》，2010年全国冶金安全环保学术交流会论文集，2010年。

（二）问题思考

1. 结合案例谈一谈节能减排的重大意义。

2. 列举身边的事例来说明节能减排的紧迫性，提出节能减排的可行性措施。

（三）案例分析

节能减排就是节约能源、降低能源消耗、减少污染物排放。节能减排是贯彻落实科学发展观、构建社会主义和谐社会的重大举措；是建设资源节约型、环境友好型社会的必然选择；是推进经济结构调整，转变增长方式的必由之路；是维护中华民族长远利益的必然要求。对于企业来说，完成政府确定的节能减排目标，既是展现企业的社会责任感和公益意识、融入城市整体规划、实现社企融合的需要，也是企业实现经济转型和可持续发展的必然要求，又是顺应历史发展潮流、自身生存发展的需要。

我国是一个人口大国，自然资源相对短缺，人均资源的占有量远远达不到世界的平均水平，加之改革开放四十年的经济高速增长，使资源的消耗情况十分严重，许多资源由从前的自给自足甚至是出口变成现在需要进口才能满足国内的需求，所以，必须改变以往的粗放型经济增长方式，坚持科学可持续发展不动摇，实现整个经济社会良性发展。

近年来，我国经济快速增长，各项建设取得巨大成就，但也付出了很大的环境代价，经济发展与环境的矛盾日趋尖锐，群众对环境污染问题反映强烈，冬季的雾霾天气更成为人们热议的话题。汽车的限行措施得到了人民群众的普遍认同，新能源汽车补贴政策备受人们欢迎。

要保证我国改革开放顺利进行，保证我国经济社会的可持续发展，节能减排这项工作就必须抓紧抓好，要从制度、政策、法律法规、新技术开发、全民观念等各方面下足功夫。首先控制增量，调整和优化结构。要控制高耗能、高污染行业过快增长，加快淘汰落后生产能力，完善促进产业结构调整的政策措施，积极推进能源结构调整，制定促进服务业和高技术产业发展的政策措施。其次，强化污染防治，全面实施重点工程。加快实施十大重点节能工程。实施水资源节约项目。加快水污染治理工程建设。推动燃煤电厂二氧化硫治理。多渠道筹措节能减排资金。再次，创新模式，加快发展循环经济。深化循环经济试点，推进资源综合利用，推进垃圾资源化利用，全面推进清洁生产。最后，倡导全民低碳生活，少买衣服常吃素，节电节水多种树。

（四）教学建议

节能减排是在贯彻落实科学发展观、构建社会主义和谐社会进程中提出的一项重要举措，唐钢在节能减排方面是一个成功的范例。但是，有更多的身边事在提醒我们节能减排工作的紧迫与难度。本案例教学，一是要让学生从理论高度认识节能减排、科学发展的重要意义，二是要让学生多多列举生活中熟知的有关资源浪费、环境污染的例子和国家出台实施的节能减排措施，让学生从实践中深刻感知到节能减排不是一个离自己很远的口号，而是关乎我们每人、每天生活的大事，是关乎国家和社会长远发展的大事。

【案例4】总结抗击“非典”经验 促进改革发展稳定

（一）案例文本

全国防治“非典”工作会议是党中央、国务院召开的一次重要会议。这次会议以“三个代表”重要思想和十六大精神为指导，全面总结了防治“非典”的工作和经验，高度评价了夺取这场斗争胜利的伟大意义，深刻阐明了今后工作中要注意抓好的重大问题。这次会议，对于我们总结经验、改进工作，更好地为全面建设小康社会、开创中国特色社会主义事业新局面而奋斗，具有十分重要的意义。

在以胡锦涛同志为总书记的党中央坚强领导下，经过全党全国人民艰苦卓绝的奋斗，我们夺取了防治“非典”工作阶段性重大胜利，国民经济保持了较快增长的良好势头。成绩来之不易，经验尤为珍贵。面对突如其来的“非典”疫情，党中央、国务院高度重视、果断决策，地方各级党委和政府认真负责、靠前指挥，充分发挥了中流砥柱作用；实行全民动员、群防群控，紧紧依靠广大人民群众，充分发挥了人民群众的伟大力量；社会各方面团结一致、齐心协力，一方有难、八方支援，形成了共克时艰的强大合力；坚持依靠科学、运用科学，充分发挥科技人员的作用和科学技术的力量，使科学技术成为战胜疫病的有力支撑；坚持依法执政、依法行政，制定和运用有关法律法规，使法律成为战胜疫病的有力保障；广大基层党组织战斗在第一线，广大党员干部冲锋在最前面，成为群众抗击“非典”的主心骨、贴心人；坚持经济建设这个中心不动摇，统筹安排、促进发展，为战胜困难提供了强大的物质基础；全民族万众一心、迎难而上，伟大的民族精神得到锤炼和升华，形成了凝聚人心、克敌制胜的强大精神支柱。

抗击“非典”的艰苦斗争，使我们党和我国人民又一次经受了战斗的洗礼和考验。这场斗争的胜利，进一步显示了我国社会主义制度的巨大优越性，更加坚定了全国各族人民走中国特色社会主义道路的信心。这场斗争的胜利，极大地提高了我国人民战胜困难的勇气和能力，增强了中华民族的凝聚力；极大地增强了世界各国对中国发展前景的信心，扩大了我国在国际上的影响。实践再一次证明，有中国共产党的坚强领导，有邓小平理论和“三个代表”重要思想的正确指引，有全党全国人民的团结奋斗，我们就没有克服不了的困难，就没有战胜不了的风险。

这次会议强调，越是形势比预料的好，越要保持清醒头脑，越要看到经济社会发展中存在的问题和困难。这充分体现党中央审时度势，高瞻远瞩。我们要按照党中央的要求，真正使防治“非典”斗争成为我们改进工作、更好地推动事业发展的一个重要契机。从今后的工作来说，我们不仅要继续保持经济较快增长的良好势头，而且要重视提高经济增长的质量和效益；不仅要确保今年经济社会发展目标的实现，而且要高度重视研究和解决经济社会发展中存在的深层次问题；不仅要努力做好当前的工作，而且要为长远发展打下良好的基础。当前，要继续抓好防治“非典”和全面促进经济持续快速健康发展这两方面的工作。

这次会议明确了从长远发展看进一步研究并切实抓好的工作。这就是：进一步加强经济社会协调发展的工作，进一步加强统筹城乡经济社会发展的工作，进一步加强公共卫生建设工作，进一步加强社会管理体制的建设和创新，进一步加强宣传舆论工作，进一步加强依法治国基本方略的落实，进一步加强对外开放条件下做好工作的能力，进一步加强党的执政能力建设，进一步加强关心群众生产生活的工作。这九个方面的工作是全面促进改革发展稳定的客观要求。各级党的组织和全党同志一定要统一思想，提高认识，坚定信心，狠抓落实。

今年是完成党的十六大提出的各项任务的第一年，也是全面建设小康社会的开局之年，做好今年各项工作十分重要。当前，一个学习贯彻“三个代表”重要思想的新高潮正在全党兴起，经历“非典”考验的中国人民正昂首阔步地朝着全面建设小康的宏伟目标前进。让我们在以胡锦涛同志为总书记的党中央领导下，认真学习贯彻“三个代表”重要思想，全面落实中央确定的各项方针政策和工作部署，再接再厉，团结奋斗，扎实工作，全面完成今年的各项任务，夺取改革开放和现代化建设的新胜利。

资料出处：

《总结抗击“非典”经验 促进改革发展稳定》，《人民日报》，2003 年 07 月 29 日。

（二）问题思考

抗击“非典”的经验和意义是什么？

（三）案例分析

2002 年 11 月 16 日，中国广东首先发现重症急性呼吸综合征（SARS）的病例。也正是这一年开启了中国现代应急管理体系的“元年”，推动着中国在突发公共卫生事件应急管理体系跨越式的发展与变革。“非典”之后，在自然灾害、安全事故、公共卫生事件和社会安全事件等各类突发事件的洗礼中，中国公共管理体系不断发展成熟，实现了历史性的跨越。

（四）教学建议

本案例可在第十章第四节教学中使用，强调中国制度优势。

第十一章　中国特色社会主义进入新时代

一、教材分析

（一）教学目的

本章的教学目的是使大学生认识习近平新时代中国特色社会主义思想的内涵、意义和历史地位，引导大学生把握新时代赋予的历史机遇，坚定理想信念，提升自我能力，承担起实现中华民族伟大复兴的中国梦的历史责任。

（二）教学重点难点

【教学重点】

1. 习近平新时代中国特色社会主义思想的内涵、意义、历史地位。

2. 新时代的历史机遇与历史责任。

【教学难点】

1. 大学生如何提升自我能力。

2. 大学生如何承担新时代的历史责任。

（三）基本知识结构

第十一章《中国特色社会主义进入新时代》知识点层级关系		
一级知识点	二级知识点	三级知识点
中国特色社会主义进入新时代	开拓中国特色社会主义更为广阔的发展前景	全面建成小康社会目标的确定
		实现民族复兴中国梦的提出
		统筹推进“五位一体”总体布局
		协调推进“四个全面”战略布局
	党和国家事业的历史性成就和历史性变革	极不平凡的五年
		新时代中国与世界关系的历史性变化
	夺取新时代中国特色社会主义伟大胜利	在新时代坚持和发展中国特色社会主义
		更好发挥宪法在新时代坚持和发展中国特色社会主义中的重大作用
		推进国家治理体系和治理能力现代化
		齐心协力走向中华民族伟大复兴的光明前景

二、典型案例

【案例 1】国际社会积极评价中国精准扶贫成果

（一）案例文本

习近平总书记在十九大报告中回顾过去五年以来的工作时说，脱贫攻坚战取得决定性进展，六千多万贫困人口稳定脱贫，贫困发生率从百分之十点二下降到百分之四以下。中国共产党创新提出的精准扶贫政策，以每年减贫一千三百万人以上的成就，书写了人类反贫困斗争史上“最伟大的故事”，赢得了国际社会的高度赞誉。

“上世纪 70 年代中国那些极度贫困地区已不复存在”

“人民对美好生活的向往，就是我们的奋斗目标。”党的十八大以来，脱贫攻坚成为中国全面建成小康社会的底线任务和标志性指标，纳入“五位一体”总体布局和“四个全面”战略布局，以前所未有的力度推进——提出精准扶贫、精准脱贫理念，明确脱贫工作需要下一番“绣花”功夫，要求解决好“扶持谁、谁来扶、怎么扶”的问题。

德国《时代》周报前任总编辑、国际问题专家提奥·索默1975年随时任德国总理施密特首次访问中国。今昔对比，他十分感慨：“上世纪70年代中国那些极度贫困地区如今都已不复存在。在短短30多年间，中国已转变为一个发展动力十足的国家，这是人类历史上从未有过的先例。”

7亿多人脱离贫困，是中国政府取得的巨大成就，也是中国对世界作出的巨大贡献，“外界评价中国政府成就时，这一点绝不容忽视”，澳大利亚商务论坛主席埃文斯说。英国《经济学人》杂志评论说，在减贫脱贫方面，“中国是个英雄”。

“贫困是收入不平等的主要表现形式，古今中外的众多事实证明，市场无法解决不平等问题，所以政府干预是必须的。”亚洲开发银行主任、经济学家万广华长期关注中国扶贫开发工程，他对本报记者表示，中国减贫脱贫成就举世瞩目，这在很大程度上归功于各级政府全方位积极参与。“人民”二字，是十九大报告超高频词之一，习近平总书记提出要做到脱真贫、真脱贫，给他留下的印象格外深刻。在他看来，这个提法包含两方面含义：一是彻底摆脱贫困，不会返贫；二是不仅仅指收入上升，而且要保证群众生活质量，包括教育、医疗、环境等方面都得到根本性改善，从而真正过上美好生活。他说：“习总书记的这一要求是对扶贫理论的创造性发展，对全球减贫、实现联合国2030年可持续发展议程具有重大历史和现实意义。”

“精准扶贫是一门‘艺术’，而中国精通这门‘艺术’”

小康路上一个都不能掉队。当代中国共产党人作出的庄严承诺，付出的切实行动，令世界惊叹。

巴基斯坦参议员、巴议会中巴经济走廊委员会主席穆沙希德•侯赛因了解到，为了实现脱贫，中国共产党的干部会深入贫困人口家中，实地调查他们的需求，并据此制订有针对性的扶贫脱贫方案。他认为，中国政府出台的精准扶贫方略将继续成为未来中国脱贫事业最关键的举措之一。

南非人类科学研究委员会研究员亚兹妮•艾波尔认为，精准扶贫是一门“艺术”，而中国精通这门“艺术”，因为“通过经济改革和工业化，中国成为第一个完成千年发展目标中将‘赤贫人口比例减半’的发展中国家”。

当一些发达国家因失业率攀升引发民众不满、社会动荡时，中国过去5年来累计新增就业岗位超过6500万个。在中国开设律师事务所的比利时比中经贸委员会主席贝尔纳•德威特到过中国很多地方，包括西藏、新疆、青海等地区，让他印象最为深刻的是，无论哪里的中国人都积极乐观，不仅对日益改善的生活感到满意，而且对未来更加美好的生活满怀憧憬。“中国一跃成为经济超级大国确实是历史上最不寻常的故事之一。”美国前财长保尔森如是感慨。

当被人问到世界能从中国的发展经验中学到什么时，英国剑桥大学发展研究中心主任彼得•诺兰认为，最重要的是伦理与道德，还有仁。“仁的意思是，尝试为人民谋利益。这在现在这个时代十分有意义。这就是为什么我认为‘为人民服务’这一口号十分了不起。”

在巴西中国问题研究中心主任罗尼•林斯眼中，中国共产党总是时刻将人民利益放在首位，明白人民真正的需求是什么，并据此制定正确的、有利于人民的政策。他由衷感叹：“这是中国共产党成功的秘诀。”

“中国共产党证明了自己的理论和实践的优越性”

十九大报告提出，重点攻克深度贫困地区脱贫任务，确保到2020年我国现行标准下农村贫困人口实现脱贫，贫困县全部摘帽，解决区域性整体贫困，做到脱真贫、真脱贫。新的征程，令世界期待。国际人士和媒体普遍认为，中国的成功经验不仅印证自身选择的正确性，而且给世界上那些既希望加快发展又希望保持自身独立性的国家和民族提供了全新选择，为解决人类问题贡献了中国智慧和中国方案。

“中国扶贫开发的经验对其他中等收入国家来说非常有借鉴意义。”世界银行行长金墉日前在国际货币基金组织和世界银行秋季年会开幕新闻发布会上说，中国通过经济改革，融入全球市场，帮助数亿人摆脱贫困。全球极端贫困人口比重从上世纪 90 年代的近 40% 降至目前的 10% 左右，其中绝大部分贡献来自中国，这是人类扶贫开发史上的重要篇章。

“通过带领中国走向前所未有的繁荣富强，中国共产党证明了自己的理论和实践的优越性。”俄罗斯《独立报》评论说。

俄罗斯科学院远东研究所政治研究和预测中心主任维诺格拉多夫说，中国选择了自己的发展道路，以成功实践证明资本主义不是唯一发展方案。

“中国共产党在发展道路上不变的恒心与毅力，以及坚信不懈努力必将取得巨大进步的信念，是取得这些成果的重要保障。”墨西哥前驻华大使李子文赞叹中国脱贫成就的同时这样认为。

在习近平新时代中国特色社会主义思想指引下，中国共产党有能力带领 13 亿多中国人民过上更加幸福美好的生活，中华民族必将实现伟大复兴。这样的成功故事，也将给世界的未来添彩。

资料出处：

《精准扶贫，中国书写最伟大故事》，《人民日报》，2017 年 10 月 23 日。

（二）问题思考

1. 精准扶贫政策实施之后已经取得了哪些重要成就？

2. 我国社会主要矛盾发生新变化与实施精准扶贫政策之间有着怎样的相互关系？

（三）案例分析

2012 年召开的中共十八大，提出了要在党的十六大、十七大确立的全面建设小康社会目标的基础上努力实现新的要求，实现经济持续健康发展，人民生活水平全面提高，确保到 2020 年实现全面建成小康社会的目标。要实现全面建成小康社会，最艰巨最繁重的任务在农村，特别是在贫困地区。2015 年 11 月，中共中央召开扶贫开发工作会议，提出坚持精准扶贫、精准脱贫，坚决打赢脱贫攻坚战，确保到 2020 年所有贫困地区和贫困人口同全国人民一道迈入全面小康社会。

中共十八大以来的五年，脱贫攻坚战取得决定性进展，贫困人口减少 6800 多万，易地扶贫搬迁 830 万人，贫困发生率由 10.2% 下降到 3.1%。教育事业全面发展，中西部和农村教育明显加强。就业状况持续改善，城镇新增就业年均 1300 万人以上。社会养老保险覆盖 9 亿多人，基本医疗保险覆盖 13.5 亿人，织就了世界上最大的社会保障网。人民健康和医疗卫生水平大幅提高，人均预期寿命达到 76.7 岁。保障性住房建设稳步推进，棚户区住房改造 2600 多万套，农村危房改造 1700 多万户，上亿人喜迁新居。

2017 年党的十九大召开。十九大报告明确了新时代我国社会主要矛盾是人民日益增长的美好生活需要和不平衡不充分的发展之间的矛盾，必须坚持以人民为中心的发展思想，不断促进人的全面发展、全体人民共同富裕。社会主要矛盾新概括坚持了社会主义共同富裕的根本原则。共同富裕既是社会主义要达到的目标，也是社会主义的根本原则。人民日益增长的美好生活需要和不平衡不充分的发展之间的矛盾，是以消除两极分化、达到共同富裕为根本尺度，以全面建成小康社会为基本要求，突出了发展不平衡的问题，特别是脱贫攻坚任务艰巨，城乡区域发展和收入分配差距依然较大，贫富两极分化还较为严重等问题。“让所有劳动者过最美好最幸福的生活”，实现全体劳动人民的共同富裕，是社会主义区别于以往一切社会制度的根本原则，脱离了这一点就脱离了社会主义。中国共产党有能力打赢这场以精准扶贫为主要手段的扶贫攻坚战，再造新的人间奇迹，以证明自己理论与实践的优越性。

（四）教学建议

怎样认识中国特色社会主义进入新时代与我国社会主要矛盾的新变化以及全面建成小康社会是本章的教学重点，而精准扶贫政策正是深刻理解这两个重大问题的重要连接点与切入点。建议结合精准扶贫政策讲解中央全面建成小康社会的战略部署，讲解中央如何深入贯彻以人民为中心的发展思想，如何使人民的获得感显著增强。同时重点讲解十九大对于我国社会主要矛盾新变化的判断对打赢脱贫攻坚战的重要指导意义。

【案例 2】“一带一路”：为世界贡献中国智慧

（一）案例文本

2013 年 9 月 7 日，中国国家主席习近平在出访中亚国家期间，首次提出共建“丝绸之路经济带”。这与同年 10 月提出的“21 世纪海上丝绸之路”，共同组成了“一带一路”构想。“一带一路”构想提出后，从无到有、由点及面，掀起了沿线国家务实合作的新高潮，取得了一系列丰硕成果。专家指出，“一带一路”是国家战略的重大创新，不仅为中国经济增长注入新动力，也为世界和平发展提供了新思路新方案。

战略的提出与完善

2013年9月，习近平主席在哈萨克斯坦纳扎尔巴耶夫大学发表演讲，回顾了古丝绸之路的重要贡献，进而提出在当代建设“丝绸之路经济带”的倡议。习近平提出，为了使我们欧亚各国经济联系更加紧密、相互合作更加深入、发展空间更加广阔，我们可以用创新的合作模式，共同建设“丝绸之路经济带”。同年10月，习近平在印尼国会发表演讲时表示：东南亚地区自古以来就是“海上丝绸之路”的重要枢纽，中国愿同东盟国家加强海上合作，使用好中国政府设立的中国—东盟海上合作基金，发展好海洋合作伙伴关系，共同建设21世纪“海上丝绸之路”。作为中国外交的新提法，“丝绸之路经济带”和“21世纪海上丝绸之路”共同构成了“一带一路”重大倡议。

“一带一路”自从提出之后，很快被确定为国家战略，在党中央的重大会议、国家重要政策文件和领导人外事活动中多次提及。2013年11月，十八届三中全会通过的《中共中央关于全面深化改革若干重大问题的决定》明确指出：“加快同周边国家和区域基础设施互联互通建设，推进丝绸之路经济带、海上丝绸之路建设，形成全方位开放新格局。”

2014年11月的中央财经领导小组第八次会议专门研究了“丝绸之路经济带”和“21世纪海上丝绸之路”规划，发起建立亚洲基础设施投资银行和设立丝路基金。

在博鳌亚洲论坛2015年年会上，习近平呼吁各国积极参与“一带一路”建设。随后，中国政府发布《推动共建丝绸之路经济带和21世纪海上丝绸之路的愿景与行动》，明确了“一带一路”的共建原则、框架思路、合作重点、合作机制等。

2016年3月，国家“十三五”规划纲要正式发布，其中有专门一章围绕“推进‘一带一路’建设”。这意味着在未来5年，“一带一路”将是中国经济社会发展的重要抓手和战略任务。

2016年6月，习近平在乌兹别克斯坦最高会议立法院发表演讲时指出，3年来，“一带一路”建设在探索中前进、在发展中完善、在合作中成长。在总结已有成果的基础上，习近平提出了未来深化“一带一路”合作的重点领域：我们要着力深化环保合作，践行绿色发展理念，加大生态环境保护力度，携手打造“绿色丝绸之路”；着力深化医疗卫生合作，加强在传染病疫情通报、疾病防控、医疗救援、传统医药领域互利合作，携手打造“健康丝绸之路”；着力深化人才培养合作，中方倡议成立“一带一路”职业技术合作联盟，培养培训各类专业人才，携手打造“智力丝绸之路”；着力深化安保合作，践行共同、综合、合作、可持续的亚洲安全观，推动构建具有亚洲特色的安全治理模式，携手打造“和平丝绸之路”。

创造新型合作模式

“‘一带一路’是继承和发扬古丝绸之路精神，结合时代背景和世界大势，所提出的重大发展战略。以共商、共建、共享为合作原则，以政策沟通、设施联通、贸易畅通、资金融通、民心相通为主要内容，以打造命运共同体和利益共同体为合作目标，‘一带一路’创造了一种新型国际合作模式。”中国国际问题研究院特聘研究员贾秀东接受本报记者采访时说。

贾秀东指出，过去我们开展合作多是项目性的，如今在“一带一路”框架下，国际合作更具有系统性，合作领域也更加广泛。“‘一带一路’的一个重要创新点在于，它非常注重与沿线国家进行战略对接。不仅满足中国进一步开放和发展的需要，同时也深刻契合了沿线国家的发展需要，这是‘一带一路’受到各国普遍欢迎的根本原因。”

在平等互利基础上，中国倡导的“一带一路”与俄罗斯欧亚经济联盟建设、哈萨克斯坦“光明之路”经济战略、欧盟“容克计划”、印尼“全球海洋支点”等实现了战略对接。截至目前，已经有100多个国家和国际组织参与“一带一路”合作，中国已同30多个国家签署了共建“一带一路”的合作协议，同20多个国家开展国际产能合作，同17个沿线国家共同建设了46个境外合作区。

“不同于对抗、零和那种陈旧思维，‘一带一路’建设倡导合作共赢。”中国人民大学国际关系学院教授王义桅认为，“一带一路”建设与霸权主义主导下的所谓“合作”有着本质区别：前者具有公正性，而后者具有不公正性；前者具有平等性，而后者具有歧视性；前者具有包容性，而后者具有排他性；前者具有持续性、长久性，而后者是暂时的、不可持续的。

贾秀东分析称，“中国倡导的‘一带一路’是以互利共赢为核心的，因此能够取得巨大成功。”

不少专家都谈到，“一带一路”深刻体现了十八大以来中国外交的新理念。“比如‘亲诚惠容’、命运共同体、正确义利观等等，这些新思想新理念在‘一带一路’建设中都有具体的实践和体现。”贾秀东对记者说。

为世界贡献中国智慧

“‘一带一路’建设之所以能引起相关国家的强烈兴趣，关键在于它为世界各国开辟了合作新路，努力解决人类社会发展面临的共同问题。”王义桅指出，“一带一路”建设不仅助推中国梦的实现，还将助力沿线国家实现现代化，为世界发展贡献中国智慧。

当前，国际金融危机的影响仍未消退，世界经济复苏缓慢、缺乏有效动力，各国面临的发展问题依然严峻。在这种背景下，中国大力倡导“一带一路”，有利于促进经济要素有序自由流动、资源高效配置和市场深度融合，推动沿线各国实现经济政策协调，实现优势互补、共同发展。

商务部国际贸易经济合作研究院院长顾学明认为，“一带一路”倡议明确提出破除洲际和次区域之间的藩篱，打造开放、包容、均衡、普惠的区域合作架构的新愿景，顺应了发展中国家重塑国际经贸规则的诉求，使全球治理结构朝着公平、合理的方向发展。“这是避免陷入‘修昔底德陷阱’的中国智慧，是推动沿线国家在互利共赢基础上深化区域合作的中国方案，是我们对优化全球经济治理和构建新型国际关系的重大贡献。”顾学明评价道。

据悉，“一带一路”包含60多个沿线国家，覆盖44亿人口，占全球的63%；经济规模达21万亿美元，占全球GDP的1/3。“一带一路”合作所产生的辐射效应，必将超越某一国家、某一区域，对世界经济、政治、文化等多个方面造成深刻影响。

联合国副秘书长吴红波表示，“一带一路”建设将为联合国实施2030年可持续发展议程作出重要贡献。“‘一带一路’的核心精神与联合国2030年可持续发展议程的价值观是完全一致的。”吴红波说，“除此之外，‘一带一路’倡议当中的五个合作领域，与联合国制定的17个可持续发展目标也有着密不可分的联系。正如中国国家主席习近平在与联合国秘书长潘基文会面时所指出的那样，推动共建‘一带一路’，就是要助力2030年可持续发展议程。”

俄罗斯《导报》刊文指出，“一带一路”构想展现了中国对全球治理新理念的思考。对中国来说，“一带一路”与其说是“路”，更像是中国最重要的哲学范畴——“道”。“一带一路”之道就是去探寻中国梦与世界各国梦想的融通、中国智慧与世界智慧的结合。

资料出处：

《“一带一路”：国家战略的重大创新》，《人民日报》海外版，2016年9月7日。

（二）问题思考

1.“一带一路”构想是在怎样的时代背景下提出的？

2. 为什么说我国开展“一带一路”建设对实现中华民族伟大复兴有重要推动作用?

（三）案例分析

2012 年中共十八大以后，中国特色社会主义进入新时代，中国的国际地位发生了历史性的变化，正日益走近世界舞台中央。中国发挥负责任大国作用，积极推动构建人类命运共同体，做世界和平的建设者、全球发展的贡献者、国际秩序的维护者，不断为人类作出更大贡献。在这一时代的大背景下，以习近平同志为核心的党中央提出一系列具有鲜明中国特色的全球治理观，如合作共赢理念、新型大国关系、正确义利观等，特别是提出共建“一带一路”倡议、构建人类命运共同体的理念，在国际上引起广泛反响。为实施共建“一带一路”的倡议，中国发起创办亚洲基础设施投资银行，设立丝路基金，成功举办首届“一带一路”国际合作高峰论坛。“一带一路”的提出，为全球治理体系改革和建设贡献了中国智慧、提供了中国方案。

“一带一路”构想的伟大意义在于，“一带一路”是一条通往“人类命运共同体”之路。构建“人类命运共同体”的使命决定着当前和今后中国将高举和平、发展、合作、共赢的旗帜，走一条与其他国家互利共赢的发展道路，坚定不移致力于维护世界和平、促进共同发展。而“一带一路”正是特定历史发展阶段中国道路的一种实现形式，是中国道路在欧亚非和南太平洋地区范围内打造利益共同体、命运共同体和责任共同体的伟大实验，它看重的是通过推动更大范围、更高水平、更深层次的大开放、大交流、大融合，走出一条互尊互信之路，一条合作共赢之路，一条文明互鉴之路。

“一带一路”构想的落脚点在实现中华民族的伟大复兴。中共十八大结束不久，习近平总书记在参观“复兴之路”展览时明确提出，我们现在比历史上任何时期都更接近中华民族伟大复兴的目标，比历史上任何时期都更有信心、有能力实现这个目标。“一带一路”是通往人类命运共同体之路，同时，推动“一带一路”建设的过程也必将是实现中华民族伟大复兴的历程。在新的实践探索中，古老的中华文明精神必将与时代潮流和多样化的国情相结合，它不是简单地复兴古老的文明，而是在与“一带一路”沿线不同文明兼容并蓄、交流互鉴中获得新的发展动力和活力，在新的时代创造性地转化和提升，最终成为实现中华民族伟大复兴中国梦的重要推动力。

（四）教学建议

“一带一路”构想是新时代历史条件下我国深入展开全面推进中国特色大国外交，倡导构建人类命运共同体的重要举措，是中国为世界和平与发展作出新的重大贡献。在讲解中应注意结合“一带一路”构想提出的时代背景来分析其对于当今中国与世界发展的重要意义，以及对提高我国国际影响力、感召力、塑造力的重要作用。特别是要将“一带一路”建设与我国实现中华民族伟大复兴的历史进程联系起来，阐述这一伟大工程深远的历史意义。

【案例3】群众眼里中央八项规定实施以来的新变化

（一）案例文本

遏制“舌尖上的浪费”、刹住“车轮上的腐败”、整治“会所里的歪风”……中央八项规定实施4年来，党风政风、社风民风发生了一系列实实在在的改变。截至2016年8月31日，全国累计查处违反八项规定精神问题139622起，处理187409人，给予党纪政纪处分91913人。从查出违纪问题类型来看，其中“违规配备和使用公车”26172起，“违规发放津补贴或福利”13826起，“大办婚丧喜庆”12934起，“违规收送礼品礼金”11015起，“违规公款吃喝”9978起，“公款国内旅游”4861起，“楼堂馆所违规”1520起，“公款出国旅游”578起。

遏制“舌尖上的浪费”：从“讲排场”到“接地气”

作为全聚德股份有限公司总厨师长，顾九如在北京餐饮界称得上见多识广。“过去政务、企业宴请的餐桌上经常出现各种标价昂贵的违禁食材，消费者浪费也很严重，一倒就是半桌子菜，看着都心疼。”他说，八项规定出台后，这种情况越来越少了。

全聚德的变化只是一个缩影。中央八项规定实施4年来，天价饭局、豪奢宴请等为人诟病的浪费现象在各地得到普遍遏制，一批批高档餐饮企业相继停业或向“挤泡沫”“平民化”转型。

在黑龙江、湖北、山东等地，为大众消费服务成为越来越多高档饭店转型首选。位于哈尔滨市华山路附近的紫云饭店原是一个高档餐饮场所，主营燕鲍翅参等海鲜菜品。八项规定实施以来，这家老字号饭店率先求变，变身为面向普通人群的八府宴，人均消费水平从约500元降到100元左右。

国家行政学院教授汪玉凯表示，公款吃喝受限是高档餐饮企业营业额和数量下降的重要原因。但从长远看，讲排场、讲面子的吃喝背离了餐饮业本质，转型将支持更大范围、更具潜力的大众消费，利于餐饮业可持续发展。

事实上，公款吃喝、铺张浪费在各级政府官员中也不乏怨言。“八项规定前，如果有工作组来检查，起码要给领导们管顿饭，这是最让村里头疼的事。”青海省一位扶贫村村支书刘立君说，有时只能安排到条件好的村民家，时间久了村民的不满情绪也很大。“现在好了，吃饭就是工作餐，到村民家最多喝一杯水，干部和群众都轻松不少。”

刹住“车轮上的腐败”：346 起通报震慑公车违纪

今年 2 月份，黑龙江省正式敲定公车改革时间表，对参改人员发放公务交通补贴，自行选择出行方式。“以前光上下班，一天要坐 4 次公车，现在自己开车两趟就够了，还省下不少钱。”一位处级干部告诉记者。

规范公车使用是落实八项规定的重要内容。4 年来，全国公车领域的这场反腐节俭之风丝毫没有减弱，查处违规配备和使用公车 26172 起，公车购置及运行费从 44.32 亿元降至 30.88 亿元，公车旅游、公车婚丧嫁娶、公车探亲访友、公车出入娱乐场所等都成为重点整治对象。2016 年中央纪委监察部网站通报公车违纪 346 起，持续释放出违纪必究、执纪必严强烈信号。

黑龙江大学政府管理学院教授曲文勇说，“车轮上的腐败”是离群众比较近的不正之风。现实中公车乱用的情况很多，有人曾概括公车“1/3 时间干公事、1/3 时间干领导私事、1/3 时间司机私用”。

在湖北省，公车数量从 6.4 万余辆压减到 3.2 万余辆，车辆压减率约为 50%。湖北省机关事务管理局副局长何华文介绍，公车改革后，每年可节省财政公车支出 5 亿至 6 亿元。

记者了解到，为刹住公车腐败之风，各省份进行多种创新探索。云南省多个地州实行公车标识化管理，印有“××× 公务用车”和“严禁公车私用”等明显字样；广州利用科技手段，给全市党政机关 8491 台公车安装卫星定位系统，监控行车轨迹；北京市调阅公车 ETC 出行记录，严防公车“节日病”……

京郊一处农家乐的老板说，过去开着公车来吃喝的人很多，尤其在节日期间更常见，开着来自京津冀鲁豫内蒙古等省份“公车”的人都来他这里吃过。八项规定后，这种情况越来越少，现在基本看不到了。

整治“会所里的歪风”：会所变书吧，私人变共享

北京、黑龙江、湖北等地受访的一些纪委干部表示，八项规定实行伊始，公开去酒楼食肆公款消费的现象大幅减少，但一些私密性强的隐秘会所开始抬头。它们或藏于胡同僻巷，或隐于高楼深处，特别是一些党员领导干部出入其间，会所歪风成为侵蚀一些政府官员的新腐败变种。

中央党校教授辛鸣说，一些人看中的正是私人会所的隐蔽与私密，会所中的休闲娱乐往往只是表象，背后经常存在不为人知的权钱、权色交易，严重影响党风政风，带坏社会风气，整治会所歪风刻不容缓。

2013 年年底，中央发出严肃整治“会所里的歪风”的要求。各地快速行动，重拳出击，打向城市深处那些隐秘天价或占用公共资源，却只对少数人开放的景区高档会所。

一批在公园和文物保护单位开设的私人会所停业整顿，一些在名人故居、文化遗址场所开展的经营活动叫停。在广州珠江公园，一处名为“汇立江南荟”的木结构建筑因只为少数人服务，长期为群众诟病。接到投诉后，公园向承租方发出整改通知，停业后的江南荟改造为大众化书吧，2015 年 6 月对外开放。

位于成都市锦里二期的武侯祠博物馆原锦里大院，过去主要提供高档精品餐饮服务，停业关闭后，改造为锦里三国文化体验街区，免费开放。现在走进这里，院中央兵器架上刀枪戟斧样样都有，“武”气十足；咖啡书吧、经典小吃等众多休闲项目，吸引八方游客。

北京对公园和文物保护单位开设私人会所情况全面摸底，约谈数十家经营者。北京市园林绿化局相关负责人说，根据新出台《北京市公园配套建筑及设施使用管理办法（试行）》，全市公园除安全需要外，禁止设立“游人止步”“禁止入内”等牌，禁止占用公园公共资源设私人会所，开展封闭经营活动。

作风建设永远在路上

汪玉凯说，4年来，从整治公款大吃大喝、严禁公款送礼，到严禁办公室、车辆超标，再到厉行节约、全面改进作风……制度的篱笆越扎越密，呈现出由浅入深、由量变到质变的过程，八项规定精神在不断巩固中落地生根。

4年来，一系列改进工作作风、密切联系群众的制度不断出台，作风建设走向常态化和制度化。

一些基层干部和专家表示，近日来，各地接连曝光一批违反八项规定的典型案例，说明从中央到地方，各级纪检监察机关和相关部门的工作还不能松懈。汪玉凯说，“四风”问题具有顽固性和反复性，容易反弹，部分人依然心存侥幸心理，阳奉阴违。贯彻八项规定要常抓不懈，转作风没有完成时，只有进行时。

资料出处：

《八项规定四周年群众眼里看变化》，新华网，2016年12月4日。

（二）问题思考

1. 为什么说中央八项规定是中共中央全面加强党的建设工作的重要举措？

2. 中央八项规定的深入落实给社会风气带来哪些新的变化？

（三）案例分析

中共十八大以来，中共中央全面加强党的领导和党的建设，采取全方位、高标准的管党治党举措，开创全面从严治党的新局面。2012年12

月，中共中央政治局审议通过关于改进工作作风、密切联系群众的八项规定，要求各级党政机关和领导干部带头改进工作作风，带头深入基层调查研究，带头密切联系群众，带头解决实际问题等；并且强调，抓作风建设，首先要从中央政治局做起。这些规定，发出正风肃纪、从严治党的强烈信号，使全党全社会为之一振。中央八项规定的出台，严厉整治了形式主义、官僚主义、享乐主义和奢靡之风，持续有效遏制了不正之风和腐败现象蔓延的势头。

无论是党员干部，还是普通群众，在中央八项规定的深入落实中，都看到了自身以及身边人、身边事所发生的变化：领导干部下班后少了酒宴应酬，可以多一些时间陪陪家人，读书健身；许多高档酒楼生意惨淡，最后都改成了平民餐馆；去政府部门办事，态度好了，效率高了；婚丧嫁娶，大操大办、讲排场比阔气的少了，移风易俗、文明节俭的多了。在中央八项规定的带动下，风清气正的社会新风尚正在迅速形成。

自中央八项规定实施以来，在以习近平同志为核心的党中央坚强领导下，全党踏石留印、抓铁有痕遏制“舌尖上的浪费”，纠正“会所里的歪风”，整治“车轮上的腐败”，一个个顽瘴痼疾得到有效治理，党风政风焕然一新，带动社会风气明显好转。8 年来，清风劲吹、沉疴渐除，八项规定成为全面从严治党的重要抓手，成为中国共产党的亮丽名片。

（四）教学建议

中央八项规定的制订与实施正是本章的重点教学内容，是中共十八大以来党和国家事业取得历史性成就中的重要组成部分，加强党的作风建设和持续深入开展反腐败斗争都是新时代党建工作的主要内容。建议教学中结合新时代推进中国特色社会主义伟大事业和党的建设伟大工程这一重要时代主题，通过列举自己身边发生的社会风气新变化的实例，阐述其对于推进全面从严治党所取得的卓著成效，进而分析其对解决人民群众最关注、反映最强烈的问题，凝聚推动改革发展的强大正能量，推动全社会共同创造民族复兴伟业的重要意义。

后　　记

河北科技大学历来重视思想政治理论课的研究和教学工作，在2018年版的四门思想政治理论课新教材发行后，在马克思主义学院成立了以甘玲院长为主导的案例编写组。《成长课堂——中国近现代史纲要案例导学》是以纲要教研室的教师为主要编写人员，从2017年春至2018年暑期，进行了一年多的“中国近现代史纲要”课的案例研究和编写工作。

编写组在认真研究教材、反复研讨的基础上，根据大学生的实际学习情况，结合自己的教学经验和体会，通过分工协作，完成了“中国近现代史纲要”课程案例编写。编写的内容按照2018年版新修订的高等教育出版社出版的《中国近现代史纲要》教材中章的划分，每章挑选出一些能够结合重点难点解析的优秀案例，并以河北省的近现代史案例为主汇编成书，主要为了与同行们进行交流、探讨，更好地服务于教学工作。

本书的编写分工如下：第一、三章崔会东，第二章葛晓萍，第四、八章韩梅，第五、十章张春晓，第六、九章张丽影，第七章刘建民，第十一章潘鸣。

2020年6月